La société managériale

Essai sur les nanotechnologies de l'économique et du social

Ouvrages parus aux éditions la ville brûle

collection 360

Le big bang n'est pas une théorie comme les autres
J.-M. Bonnet-Bidaud, F.-X. Désert, D. Leglu, G. Reinisch
Changement climatique : les savoirs et les possibles
J. Chappellaz, O. Godard, S. Huet, H. Le Treut
Multivers. Mondes possibles de l'astrophysique, de la philosophie et de l'imaginaire
A. Barrau, P. Gyger, M. Kistler, J.-P. Uzan

collection engagé-e-s

Communistes, Roger Martelli
Anarchistes, Irène Pereira
Le climat change… et la société ?, Florence Rudolf
Marx, le capitalisme et les crises, Nicolas Béniès
Marx, l'histoire et les révolutions, Mohamed Fayçal Touati, Jean-Numa Ducange

hors collection

Révolution dans l'Université, Emmanuel Barot

réédition

Sur les origines de l'effet de serre et du changement climatique
S. Arrhenius, T. C. Chamberlin, J. Croll, J. Fourier, C. Pouillet, J. Tyndall

ISBN 978-2-36012-012-3

Anne Pezet
Éric Pezet

La société managériale

Essai sur les nanotechnologies de l'économique et du social

la ville brûle

Comment cela s'appelle-t-il
quand le jour se lève, comme aujourd'hui,
et que tout est gâché, que tout est saccagé,
et que l'air pourtant se respire,
et qu'on a tout perdu,
que la ville brûle,
que les innocents s'entretuent,
mais que les coupables agonisent,
dans un coin du jour qui se lève ? [...].
Cela s'appelle l'aurore.
Jean Giraudoux, *Électre,* 1937.

Sommaire

INTRODUCTION

« Ceux qui rechignent à adopter les nouveaux outils que l'on met en place [dans l'entreprise X], ce sont les ringards, ceux dont il faut se débarrasser. » (Entendu dans une réunion de travail de consultants en organisation)

« Ils nous ont encore plaqué un nouveau truc, ça s'appelle le Balanced Scorecard et, un an plus tard, ils l'ont retiré. De toute façon, personne ne s'en servait. » (Entendu en formation continue pour les managers - MBA)

Capitalisme : la critique inachevée

Le capitalisme, l'entreprise et le management sont sous les feux d'une critique nourrie. Attaqué de toute part, à droite comme à gauche, aux États-Unis comme en Europe, par les employés et les ouvriers comme par les cadres[1], ce trio a bien essayé de faire croire à sa transformation : le capitalisme est devenu économie de marché, l'entreprise ne se conçoit plus que « citoyenne », et la gestion s'est transformée en management. Rien de tout cela n'a fait taire la critique.

Malgré cette charge multiforme et quasi universelle, capitalisme, entreprises et gestion ne se sont jamais aussi bien portés : le capitalisme est devenu global, les entreprises thésaurisent au point de racheter leurs propres actions, et la gestion a infiltré toutes les formes d'organisations, qu'elles soient privées, publiques ou associatives. Plus fort encore, la crise systémique en cours n'a rien changé à cet état de fait.

Les sciences sociales se sont emparées de ces débats. Chez les économistes, la critique des évolutions du capitalisme globalisé et financiarisé a pour contrepartie une série de propositions en faveur d'une démocratie économique. Que ce soit, pour ne citer que les ouvrages les plus marquants, chez Stiglitz, prix Nobel d'économie et ancien économiste en chef de la Banque mondiale, ou chez Aglietta et Rebérioux, économistes de la régulation et donc peu enclins à défendre le libéralisme, l'exhortation est commune : le premier nous conduit vers « un nouvel idéalisme démocratique », les seconds se déclarent « pour la démocratie économique »[2].

La sociologie n'est pas en reste en matière de dénonciation, et les succès éditoriaux se multiplient : il y est question d'une société malade de la gestion, de barbarie douce, des illusions du management, de violences au travail, de critique de la gestion des ressources humaines, etc. Les réponses apportées à cette dénonciation du management sont pourtant peu convaincantes et dépassent rarement le stade des incantations : il faut restaurer le lien, la joie de donner. On fait appel aux bons sentiments, à la confiance... C'est très louable, mais généralement voué à l'échec tant les organisations sont prises dans des jeux de contraintes économiques, politiques et sociales[3]. Quant à la psychanalyse, elle est hélas représentée par un appel à la paresse[4], certes vendeur, mais bien cynique quand on connaît la fragilité de l'emploi dans la plupart des entreprises.

Les chercheurs en management eux-mêmes s'interrogent sur les évolutions du capitalisme, que ce soit sous sa forme de plus en plus financière[5] ou, au contraire sous sa forme citoyenne[6]. Mais si les chercheurs français en management restent discrets dans ce concert critique, c'est qu'ils ont moins développé cette perspective que leurs confrères étrangers, britanniques pour l'essentiel. Outre-Manche, le management est en effet décortiqué sous l'angle des genres et des minorités, de la domination ou encore des process de travail. Il faut noter toutefois que cette forme de critique n'a que peu d'effets pratiques.

Les troupes invisibles du capitalisme

Cette dénonciation nourrie présente cependant des limites. La première est de confondre économie de marché, entreprise et management. Or, l'entreprise ne résume pas l'économie de marché ; au contraire, sa forme généralement hiérarchique la différencie profondément du marché. De même, le management ne résume pas l'entreprise, tant les modèles peuvent différer d'une entreprise à une autre. Plus encore, le management et ses méthodes ne caractérisent plus le fonctionnement de la seule entreprise, mais de bien d'autres territoires de l'économie et de la société, en particulier l'État et ses administrations.

Le réquisitoire prononcé contre le trio capitalisme-entreprise-gestion a pour seconde limite de manquer sa cible pour une large part. La critique des économistes et des sociologues reste essentiellement incantatoire, appelant de ses vœux des changements d'ordre réglementaire mais aussi largement éthique. Or, l'histoire montre que ces transformations produisent des effets pour le moins mitigés dès lors que le règlement se contourne et que l'éthique figure probablement parmi les ressources les moins bien distribuées en ce monde !

Si l'on veut dépasser le stade des exhortations, il ne faut pas seulement mettre en cause les règlements et la morale des individus : il faut dévoiler les rouages essentiels de la mécanique managériale, découvrir l'intimité du management, en bref montrer les implications de l'usage intensif des méthodes du management.

Le management tire sa force d'une armada de techniques ou méthodes de gestion extrêmement bien organisée autour d'une avant-garde visible (la comptabilité en particulier) mais aussi de troupes chargées d'opérations plus souterraines – voire secrètes (les coûts, les indicateurs de performance, etc.). C'est cet ensemble de méthodes qu'il faut mettre à jour car c'est d'elles, précisément parce qu'elles sont microscopiques, que le management tire sa robustesse.

La technique reste associée à l'idée de neutralité, d'infaillibilité, d'indiscutabilité. Si les techniques « dures », matérielles (comme le nucléaire ou les OGM), font l'objet d'une critique quelquefois radicale, les techniques « molles », intellectuelles (comme un taux de rentabilité ou un indicateur de performance), sont ignorées, y compris par ceux qui dénoncent violemment le « soft » du management comme Pierre Legendre. On se limite alors à la rhétorique managériale… sans voir que cette rhétorique s'appuie sur des techniques que l'on n'interroge que très rarement[7].

L'urgence de ce débat provient aussi de la véritable « colonisation »[8] des organisations de toutes sortes par les méthodes de management. L'administration, l'armée, la police, les hôpitaux, les associations mobilisent les mêmes techniques de gestion que les entreprises privées. Dans cet usage, quelquefois maladroit, elles puisent de la légitimité dans un univers où la performance est devenue le maître mot, et ce bien que leur « code génétique » les tire du côté du service public désintéressé, accessible à tous.

Il faut aller chercher les ressorts profonds du management et, par conséquent, de l'entreprise capitaliste. Or ces ressorts sont le plus souvent invisibles car trop microscopiques ou trop discrets – voire secrets.

Un démontage à visée démocratique

Nos démocraties sont-elles condamnées au managérialisme ? Pour répondre à cette question, il ne s'agit pas ici de dénoncer une fois de plus le management, mais d'entreprendre le démontage de ses rouages invisibles, pas seulement pour les condamner, mais pour débattre de leurs effets et proposer des pistes en vue d'un changement nécessaire au bon fonctionnement de la démocratie. Car l'usage intensif et généralisé des méthodes de management produit des conséquences fortes, tant microsociales que macrosociales. Les conséquences microsociales portent sur le travail, son organisation, ses effets. Sous leurs atours les plus rigides, les méthodes de management visent à mécaniser le travail tout autant que les machines de l'usine. Ainsi, la vogue des ERP (*Enterprise resource planning*), ces progiciels destinés à intégrer la totalité du management d'une organisation, montre comment une « machine de gestion » (selon l'expression de Jacques Girin) peut enserrer le management dans un seul système, automatisant nombre de décisions.
Les méthodes de management n'agissent bien entendu pas toujours de manière aussi déterministe, et l'on ne négligera pas les marges de manœuvre des utilisateurs. Il n'en reste pas moins que ces méthodes sont là précisément pour régler les conduites et minimiser les risques d'écart par rapport aux comportements attendus. Ce dessein – quoique discret et souvent ignoré –, n'est par conséquent pas sans effets sur la forme et le contenu du travail.
Au-delà de ces conséquences microsociales, les méthodes

de management produisent aussi des effets macrosociaux. Utilisées de manière conjointe et massive dans la plupart des entreprises, leur véritable portée est souvent masquée par la multitude des microdécisions qu'elles sous-tendent.

Prenons ici l'exemple, que nous développerons ultérieurement, des décisions d'investissement. De nombreuses études ont montré que l'usage d'un kit standard de méthodes financières pour décider de l'opportunité d'investir ou non a des conséquences d'ordre macroéconomique sur le niveau de l'investissement (réduction due aux normes financières retenues) et sur sa qualité (aversion pour les technologies novatrices car plus risquées, l'agent économique présentant en théorie une certaine aversion au risque). Les conséquences macrosociales peuvent être de nature économique, elles peuvent aussi être de nature sociologique : Christoph Conrad[9] lie ainsi le développement des études de marché après la Seconde Guerre mondiale et l'émergence du féminisme : la technique de gestion ayant permis de faire émerger le rôle des femmes dans la décision d'achat et, au-delà, dans l'économie et la société.

La combinaison d'une critique virulente du management, la colonisation de territoires nouveaux par ses méthodes et l'identification de ses conséquences microsociales et macrosociales permettent d'interroger cet objet, jusqu'ici entaché de trivialité, sous l'angle original de son rapport au politique et à la démocratie. Cette dernière ne repose plus seulement sur des techniques juridiques et politiques. Il y a un déplacement de l'intendance vers des méthodes conçues ailleurs, dans les entreprises, les cabinets de consultants ou les universités – le plus souvent américaines –, et non dans les arènes du débat démocratique et législatif. Si le politique utilise depuis longtemps des méthodes telles que les techniques du marketing et les sondages – si proches des études de marché –, on constate aujourd'hui une amplification du phénomène de managérialisation et, surtout, une sorte d'évidence de son bien-fondé qui mérite une analyse un peu approfondie.

L'objet de cet ouvrage est d'ouvrir la boîte de Pandore du management et de montrer comment agissent ces méthodes de gestion. Nanotechnologies de l'économique et du social, ce sont elles qui soutiennent le fonctionnement du management de l'entreprise et même, de plus en plus, des administrations, associations et autres formes d'organisations. Ce sont elles qui ambitionnent de modeler des individus conformes aux visées de celles-ci. Ce sont elles aussi qui parfois permettent les détournements de la loi ou de l'éthique.

Cette démarche est nécessaire si l'on veut passer du stade de l'exhortation à l'avènement d'une démocratie économique, indispensable pour donner aux salariés, à leurs représentants, et plus largement aux citoyens, les termes d'un débat jusque-là confisqué. Car les salariés, qu'ils soient ouvriers, employés ou cadres, ne peuvent précisément pas discuter les méthodes de gestion sans prendre le risque de perdre leur emploi ou d'être mis sur la touche. C'est pourquoi nous ne préconisons pas l'exercice de la paresse, mais proposons plutôt de donner les termes du débat. La démocratie économique – la démocratie tout court d'ailleurs – peut-elle se passer de penser la gestion ? Nous chercherons à montrer dans cet ouvrage, qu'elle n'y a probablement pas intérêt.

Pour porter ce regard critique, nous nous référerons aux travaux de Michel Foucault et nous prendrons comme point de départ ses travaux menés sur le concept de « dispositif ». Le terme sera développé ici dans un domaine qu'il n'a pas abordé, celui de l'entreprise. Les méthodes de gestion sont en effet des dispositifs cognitifs utilisés dans les organisations, et c'est ce qui en fait des « dispositifs » au sens que Foucault donnait à ce terme.

> « Ce que j'essaie de repérer sous ce nom, c'est (…) un ensemble résolument hétérogène comportant des discours, des institutions, des aménagements architecturaux, des décisions réglementaires, des lois, des mesures administratives, des énoncés scientifiques, des propositions philosophiques, morales, philanthropiques ; bref, du dit aussi bien que du non dit, voila les éléments du dispositif. Le dispositif lui-même, c'est le réseau qu'on établit entre ces éléments. (…) Par dispositif, j'entends une sorte – disons – de formation qui, à un moment donné, a eu pour fonction majeure de répondre à une urgence. Le dispositif a donc une fonction stratégique dominante… J'ai dit que le dispositif était de nature essentiellement stratégique, ce qui suppose qu'il s'agit d'une certaine manipulation de rapports de force, soit pour les développer dans telle direction, soit pour les bloquer, ou pour les stabiliser, les utiliser. Le dispositif, donc, est toujours inscrit dans un jeu de pouvoir, mais toujours lié aussi à une ou à des bornes de savoir, qui en naissent, mais tout autant les conditionnent. C'est ça le dispositif : des stratégies de rapports de force supportant des types de savoir, et supportés par eux. » (Michel Foucault, *Dits et écrits*, vol. III, p. 299).

Les méthodes de gestion correspondent à cette définition. Elles permettent de coordonner, de décider, de sélectionner, de choisir, d'orienter. Elles interviennent dans tous les domaines de l'activité de l'entreprise : la comptabilité, la gestion des ressources humaines, la gestion de production, la stratégie, etc. La critique de ces dispositifs passe par la prise en compte de leur histoire et de leur généalogie. Elle permet de faire apparaître les acteurs de leur construction. Elle fait aussi percevoir les enjeux politiques qu'ils renferment. Ils tiennent leur efficacité du partage des conventions au moins autant que de la qualité de leur conception. L'agitation autour de la normalisation comptable internationale est une illustration de ce phénomène. Il est donc nécessaire de porter sur ces dispositifs une critique permettant d'exercer collectivement un contrôle des effets qu'ils produisent, une critique à visée démocratique. Le but de cet ouvrage est de proposer les termes du débat permettant cette critique.

Notes

1. Voir par exemple, Isabelle Pivert, *Soleil capitaliste. Entretiens au cœur des multinationales*, Éditions du Sextant, 2006 et Jean-Pierre Levaray, *Putain d'usine*, suivi de *Après la catastrophe* et de *Plan social*, L'Insomniaque, 2003 et 2008.

2. Titres des chapitres finaux des ouvrages de Joseph Stiglitz, *Quand le capitalisme perd la tête*, Fayard, 2003 et de Michel Aglietta et Antoine Rebérioux, *Dérives du capitalisme financier*, Albin Michel, 2004.

3. Vincent de Gaulejac, *La société malade de la gestion : idéologie gestionnaire, pouvoir managérial et harcèlement social*, Le Seuil, 2005.

4. Corinne Maier, *Bonjour paresse. De l'art et la nécessité d'en faire le moins possible en entreprise*, Éditions Michalon, 2004.

5. Laurent Batsch., *Le capitalisme financier*, La Découverte, coll. Repères, 2002.

6. Franck Aggeri, Éric Pezet, Christophe Abrassart, Aurélie Acquier, *Organiser le développement durable : expériences des entreprises pionnières et formation de règles d'action collective*, Vuibert, 2005 ; Michel Capron et Françoise Quairel-Lanoizelée, *Mythes et réalités de l'entreprise responsable*, La Découverte, collection "Entreprise et Société", 2004.

7. À l'exception de Romain Laufer et Catherine Paradeise, *Le Prince bureaucrate. Machiavel au pays du marketing*, Flammarion, 1982.

8. Michael Power, *La société de l'audit*, La Découverte, 2005.

9. Christoph Conrad, « Observer les consommateurs. Études de marché et histoire de la consommation en Allemagne, des années 1930 aux années 1960 », *Le Mouvement Social*, n°206, 2004, pp. 17-39.

1.
LES NANOTECHNOLOGIES DE L'ÉCONOMIQUE ET DU SOCIAL

«There are plenty of room at the bottom.»[1] (Richard Feynman, prix Nobel de physique, 1959)

La matérialisation d'un idéal en pratiques

Encensé par les uns, décrié par les autres, le management est considéré comme un ensemble de discours et de pratiques hautement efficaces, ou, au contraire, comme une idéologie «molle» qui ne voudrait pas dire son nom mais dont les effets sont néfastes. Ce que nous montrerons dans ce chapitre, c'est qu'en deçà des discours et de l'idéologie, le management repose sur une matérialité puissante. Cette matérialité est d'autant plus forte qu'elle se nourrit d'idéaux communément répandus dans la société. Ces idéaux se placent à un niveau de généralité plus ou moins étendu et peuvent prendre des formes diverses. L'idée de performance, par exemple, est largement partagée: que ce soit dans l'entreprise, dans les services publics, dans la sphère domestique même, la performance fait partie de notre quotidien. Cet idéal social peut s'envisager comme performance financière à court terme d'une entreprise (le cours de l'action), comme performance sociale ou environnementale (dans le cadre de la responsabilité sociétale de l'entreprise) ou comme performance individuelle (une productivité, un résultat sportif ou scolaire).

Toutefois, ces idéaux ne sont pas dangereux en eux-mêmes dans la mesure où ils peuvent être débattus. L'idéal de la performance est ainsi discuté, voire même contesté[2]. Et même si la pression est forte, le débat est possible.

Or ce débat démocratique devient impossible quand les idéaux sociaux se matérialisent en dispositifs de gestion. Transformés en méthodes de management, ils se parent d'une neutralité, d'une efficacité qui les rend en apparence insignifiants et inoffensifs. Pourtant, à partir du moment où les idéaux sont objectivés en dispositifs, ils rendent possibles la production de rôles sociaux qu'endossent les individus. Ce processus n'obéit pas à un déterminisme aveugle – nous ne prétendrons pas ici que les individus sont des pantins manipulés par des méthodes de management –, il n'en reste pas moins que ces dernières jouent un rôle trop important pour rester dans l'ombre. Il nous paraît par conséquent indispensable de démonter les mécanismes de ce processus qui, s'il n'est pas irrémédiablement déterministe, demeure largement invisible.

L'analyse en termes de nanotechnologie nous est apparue comme pertinente car ce qui fait la force des dispositifs de management, c'est l'oubli dans lequel on les tient, parce qu'ils sont – généralement – invisibles et parce qu'ils apparaissent comme purement techniques et donc « négligeables » comparés à des enjeux économiques, sociaux ou politiques. Pourtant, c'est sur eux, plus que sur les discours, que repose la managérialisation de la société.

La notion de dispositif

Le concept de dispositif, dont nous avons rappelé la définition donnée par Michel Foucault dans l'introduction, a, selon Giorgio Agamben, une origine théologique. Dans les premiers temps de l'Église, l'*oikonomia* désigne « l'administration de l'*oikos* (c'est-à-dire de la maison) et, plus généralement, gestion, management »[3].

Les premiers théologiens s'appuient sur cette notion pour justifier la Trinité face aux craintes d'un retour au polythéisme : Dieu est un, mais pour organiser sa maison, il

> « confie au Christ «l'économie», l'administration et le gouvernement des hommes (…) L'*oikonomia* devint le dispositif par lequel le dogme trinitaire et l'idée d'un gouvernement divin providentiel du monde furent introduits dans la foi chrétienne. » (Giorgio Agamben, *Qu'est-ce qu'un dispositif?*, Rivages Poche-Petite Bibliothèque, 2007, p. 24-25)

Cette généalogie théologique du dispositif a une conséquence importante du point de vue contemporain. Comme le souligne Agamben,

> « le terme dispositif nomme ce en quoi se réalise une pure activité de gouvernement sans le moindre fondement dans l'être. C'est pourquoi les dispositifs doivent toujours impliquer un processus de subjectivation. Ils doivent produire leur sujet. »(Giorgio Agamben, *Qu'est-ce qu'un dispositif?*, ibid., p. 26-27)

Entre les êtres vivants et les dispositifs, le sujet est l'indispensable tiers et Agamben note encore la prolifération des dispositifs qui caractérise le capitalisme actuel et provoque des processus de subjectivation, mais aussi de désubjectivation. La question n'est plus alors celle du bon usage des dispositifs, mais celle de leur dissémination dans tous les domaines de nos vies et du dessaisissement du gouvernement face à cette prolifération.

> « De là, l'éclipse de la politique qui supposait des sujets et des identités réelles (le mouvement ouvrier, la bourgeoisie, etc.) et le triomphe de l'économie, c'est-à-dire d'une pure activité de gouvernement qui ne poursuit rien d'autre que sa propre reproduction ». (Giorgio Agamben, *Qu'est-ce qu'un dispositif?*, ibid., 2007, p. 46)

De là aussi, la docilité d'un corps social, cerné par les dispositifs. De là finalement, la nécessité de démonter ces dispositifs pour en comprendre les mécanismes[4]. C'est pour opérer ce démontage d'objets invisibles ou quasi invisibles que l'analogie des nanotechnologies est utile.

L'invisibilité des méthodes de management

Les dispositifs de management s'apparentent à des nanotechnologies de deux façons. Ils sont en premier lieu de fantastiques instruments d'observation de la matière sociale, à une échelle rarement atteinte en sciences sociales : examiner le fonctionnement d'un groupe ou d'une organisation au travers des techniques qu'ils utilisent apporte un éclairage souvent inédit à l'analyse des rapports sociaux[5].

Par ailleurs, au-delà de l'instrument d'observation privilégiée qu'elles représentent, les méthodes de management se caractérisent par leur pouvoir d'intervention. Comme des nanotechnologies, elles travaillent la matière – mais cette matière est idéelle dans la mesure où elle est faite de concepts, de catégories mentales et non de véritable matière. Discrètement, elles renforcent, véhiculent, altèrent des idéaux sociaux. En travaillant cette matière idéelle, les méthodes de management la rendent consistante, en particulier au travers de rôles sociaux intériorisés par les individus. Elles transforment alors la matière économique et sociale.

Si l'on veut parler du lien entre management et démocratie, il est important de décrire comment des méthodes managériales peuvent atteindre les individus individuellement et collectivement. Or les méthodes de management sont quasi invisibles.

« There is plenty of room at the bottom (…) What I want to talk about is the problem of manipulating and controlling things on a small scale. »[6] (Richard Feynman, prix Nobel de physique, conférence à la Société américaine de physique, 1959)

En sciences sociales aussi, il y a beaucoup de place en bas, là où on ne regarde jamais parce que c'est trop petit, parce que c'est invisible, parce que c'est insignifiant. Cette invisibilité masque des phénomènes de première importance. À l'échelle nanométrique, même si cette échelle n'a pas le même sens en matière sociale et organisationnelle qu'en physique, les méthodes de management traduisent, véhiculent, modèlent les idéaux d'une société.

Le type d'opérations projetées est commun aux nanotechnologies et aux méthodes de management. Les nanosciences conçoivent des technologies actives, que ce soit sur une matière informationnelle, médicale ou matérielle. Il ne s'agit pas d'objets inertes mais de machines (les nanomachines) capables de modifier la matière ou tout autre chose. Les méthodes de management sont des nanotechnologies du social car elles agissent sur le social de la même manière que les nanomachines, en fabriquant et en modifiant les rapports sociaux au sein des organisations.

L'analogie se poursuit quand les craintes suscitées par ces procédés concordent. La sinistre « gelée grise » composée d'un « amas de nanomachines qui, devenues autonomes, pourraient nuire à l'espèce humaine »[7], n'a-t-elle pas son pendant dans les crashs financiers, quand les logiciels se mettent à agir de concert pour orchestrer, à l'insu de tout contrôle humain, la chute des valeurs ?

Les dispositifs de management fonctionnent comme des nanotechnologies. Invisibles et présentés comme purement « techniques », ils travaillent la matière économique et sociale, ils façonnent les comportements individuels ou collectifs.

Mais, paradoxalement, alors que les nanosciences – qui n'en sont qu'à leurs balbutiements – suscitent des débats abondants et féconds[8], les méthodes de management – qui modèlent les organisations, les économies et les sociétés depuis de nombreuses années – n'ont jamais provoqué beaucoup de controverses. Elles sont pourtant à l'origine de milliards de micro-décisions et influencent en cela les performances économiques et sociales des nations[9]. Ce rôle majeur, elles le tiennent parce qu'elles sont au service d'idéaux fort répandus dans nos sociétés, tels que la performance ou la croissance économique.

Pour illustrer le fonctionnement des méthodes de management comme véhicules matériels des idéaux sociaux, nous donnerons deux exemples issus de recherches faites en Grande-Bretagne.

L'efficacité : la matérialisation d'un idéal en pratiques

Qui ne voudrait d'entreprises efficaces, d'un État efficace, d'individus efficaces, efficients[10], performants ? Que ne réclame-t-on en tant que citoyen, client, patient ou parent d'élève qui ne soit pas du domaine de l'efficacité ?

La question n'est pas nouvelle. Au début du XXe siècle, l'efficacité est au cœur de nombreux discours : efficacité nationale, efficacité individuelle… l'enjeu est alors de transformer le discours en pratiques et en particulier par l'intermédiaire de diverses techniques. Là encore, les méthodes de management vont jouer un rôle de matérialisation d'un idéal en pratiques.

Efficacité, efficience, performance, voilà bien les maîtres mots qui semblent régler l'action individuelle ou collective, privée ou publique. Traduisant un projet de longue haleine, celui de la rationalisation des sociétés[11], ces concepts ont survécu à la faillite, toujours annoncée mais sans cesse repoussée, des grandes bureaucraties – qu'elles soient étatiques ou privées. L'efficacité qui était associée au fonctionnement de ces bureaucraties est devenu le modèle des petites entités dotées de flexibilité et quelquefois organisées en réseaux. Ainsi, les modèles de gestion de Benetton ou de Zara ont supplanté celui, emblématique, de la General Electric[12].

Quelle que soit la validité du constat – les grandes bureaucraties privées ne sont pas mortes – il n'en reste pas moins que la quête de l'efficacité, de l'efficience ou de la performance reste incontournable dans les organisations en général, qu'elles soient privées, associatives, publiques, etc.

La matérialisation de cet idéal d'efficacité s'est réalisée au travers d'une instrumentation particulière et au cours d'un processus historique. Miller et O'Leary[13] retracent ainsi la relation entre la quête d'une part de l'efficacité nationale par l'État et ses dirigeants et d'autre part de l'efficacité individuelle dans l'entreprise et, plus largement, dans la société. Ils reconstituent les liens, rarement dévoilés, qui existent entre le gouvernement politique, le gouvernement de la vie économique et le gouvernement (la conduite) des individus.

Alors qu'un discours sur l'efficacité nationale se diffuse dans la société du début du XXe siècle (discours politique, journalistique ou gouvernemental), une pensée philosophique et sociologique se développe autour d'un monde social rationnellement administré. Parallèlement, des pratiques réelles de management se mettent en place, fondées sur l'eugénisme, l'hygiène mentale ou encore la pratique nouvelle des tests d'intelligence. L'entreprise devient alors un lieu privilégié de formation de l'individu efficace. Le complexe « coûts standards + budgets + management scientifique + psychologie industrielle » autorise une déclinaison de l'objectif d'efficacité nationale au plus bas niveau de l'entreprise, dans l'atelier et, plus encore, sur l'individu par un mécanisme de « continual monitoring and observation »[14] (contrôle et observation permanente). Ainsi, la constitution d'une expertise en matière de budgets et de coûts est associée à l'exercice d'un pouvoir économique. Des techniques de gestion en apparence neutres et impartiales sont en réalité porteuses d'un idéal, elles deviennent ainsi idéologiques en toute discrétion.

Croissance économique et actualisation : une technique et un programme gouvernemental

Dans les années 1960, en Grande-Bretagne, la croissance économique fait l'objet d'un débat national. En effet, les Britanniques perçoivent alors un écart grandissant entre leur situation économique et celle des autres pays. L'idée de déclin économique se répand et, avec elle, la solution (le « programme » selon les termes de Miller[15]) : la relance de la croissance économique. Pour mettre en œuvre ce programme, l'État s'appuie sur des savoirs experts, tels ceux des comptables et des économistes, savoirs exprimés dans des conférences, des revues et même dans un programme télévisé.

Ce savoir expert prend la forme d'une technique de calcul connue, mais peu utilisée jusqu'alors, l'actualisation. Ce procédé consiste à appliquer aux gains attendus d'un investissement un taux (dit « d'actualisation ») qui provoque la dépréciation progressive de ces mêmes gains. La signification de ce procédé est sans ambiguïté : il s'agit de donner une préférence plus ou moins forte, en fonction du taux retenu, au présent. En d'autres termes, l'argent d'aujourd'hui vaut plus que l'argent de demain.

Le procédé de l'actualisation sous-tend les méthodes de choix d'investissement[16], et apparaît même progressivement comme consubstantiel à celui-ci. D'où un certain conservatisme dans les choix d'investissement, voire une préférence pour les placements financiers à l'investissement productif.

La connaissance des intérêts composés remonte au moins à 1800 ou 1600 avant notre ère en Mésopotamie. Les premières tables d'actualisation apparaissent vraisemblablement au XVIe siècle avec le calcul de valeurs actuelles. Mais la méthode se limite au cas des prêts. Au XVIIe siècle, les compagnies anglaises d'assurance-vie combinent actualisation et statistique. Ce sont les ingénieurs qui vont les premiers appliquer le concept général d'actualisation à l'évaluation de la rentabilité des investissements, ceci est probablement dû à l'accroissement de la taille des investissements en particulier avec l'apparition des chemins de fer. À partir de la fin du XIXe siècle, des économistes, Marshall, Böhm-Bawerk, Wicksell, Fisher, développent dans leurs ouvrages ou articles le concept d'actualisation sous sa forme moderne.

Connue de longue date mais peu utilisée, la technique de l'actualisation avait besoin pour se développer d'un programme de gouvernement. Et ce programme, elle le trouve dans les années 1960 en Grande-Bretagne. L'État britannique fait alors de cette méthode l'instrument de la croissance économique.

Le lien entre actualisation, investissements et croissance économique est rendu explicite et est formulé aussi bien par des universitaires que par des managers. Le discours ambiant sur la faiblesse de la croissance britannique, qui serait due à la faiblesse quantitative – et surtout qualitative – de ses investissements, se propage, doublé d'un appel à la constitution d'un

véritable corps d'expertise (comptable, financier mais aussi économique, fiscal, mathématique...).
L'État et ses agences mettent alors en place une politique de diffusion de la technique de l'actualisation au service de la croissance. La politique fiscale et différentes incitations (comme la « free depreciation ») encouragent les managers à construire des échéanciers sur la base desquels la valeur actuelle nette peut être calculée.

> «The issue of taxation and free depreciation provided a key mechanism through which attempts were made to persuade managers of the relevance and significance of using a particular technique for making investment decisions (...) The future with all its uncertainties, risks and hopes, could be captured within the present and expressed in a single figure. »[17] (Peter Miller, «Accounting Innovation beyond the Enterprise: Problematizing Investment Decisions and Programming Economic Growth in the UK in the 1960s», *Accounting, Organizations and Society*, 16/8, p. 748, 1991)

La publication de rapports par des organismes publics comme le NEDC (National Economic Development Council), le HMSO (Her Majesty's Stationery Office) mais aussi l'action des entreprises nationalisées participent à la diffusion des techniques de l'actualisation au nom de la croissance économique. De fait, de nombreuses entreprises vont adopter, à cette période, ces méthodes de management.
Ainsi, les dispositifs de management supportent matériellement les idéaux sociaux. Mais le processus de transformation matérielle des idéaux sociaux en dispositifs de management ne s'arrête pas là. Il se poursuit par une étape d'élaboration de rôles sociaux au cours de laquelle les sujets se construisent sur la base d'ascèses, que nous allons maintenant détailler.

Construction de rôles sociaux et subjectivation

Ascèse et autocontrôle

Quand elles organisent le social en orientant les conduites – ce qui suppose que les individus agissent sur leurs propres manières d'être dans l'entreprise –, les méthodes de management agissent comme des nanotechnologies. La matérialisation des idéaux sociaux en méthodes de management n'a donc de sens que si les individus modifient non seulement leurs comportements (à un niveau superficiel) mais aussi leurs manières d'être (à un niveau plus personnel). Ceci renvoie à ce que Foucault nomme la subjectivation, un processus par lequel

> « le sujet est amené à s'observer lui-même, à s'analyser, à se déchiffrer, à se reconnaître comme domaine de savoir possible. » (Michel Foucault, *Dits et écrits*, Gallimard, 1984, p. 633)

Cela suppose de la part des sujets un travail sur soi qui relève de l'ascèse[18]. Comme des nanotechnologies, les dispositifs de management façonnent le travail que les individus réalisent sur eux-mêmes pour atteindre les objectifs qui leur sont assignés.

Ce phénomène d'incarnation des objectifs organisationnels ne s'analyse pas comme un processus disciplinaire au sens classique, mais bien comme un processus ascétique par lequel les individus appliquent des exercices leur permettant d'autocontrôler leur action. Ces ascèses sont comparables aux ascèses philosophiques de la Grèce Ancienne c'est-à-dire « des pratiques volontaires et personnelles destinées à opérer une transformation du moi »[19].

Les dispositifs de management modifient les comportements, mais aussi les manières d'être, agissant ainsi comme des méthodes de conduite de soi.

Plusieurs exemples, historiques et contemporains, illustrent la place que tiennent les ascèses dans l'entreprise, ainsi que le rôle les nanotechnologies dans leur mise en œuvre.
L'historienne Josette Bouvard[20] montre que, lors de la construction du métro de Moscou dans les années 1930, les ouvriers devaient écrire leur journal personnel et l'utiliser comme moyen de réfléchir à leur façon de travailler pour améliorer leur performance.
Ce cas, que l'on pourrait penser lié à la situation politique en Russie, renvoie étonnamment à des pratiques actuelles. Ainsi, dans nos contrées libérales, l'écriture est un outil que certains consultants utilisent aujourd'hui pour permettre à leurs clients de prendre du recul par rapport à leur activité quotidienne. Cet exemple, qui montre l'importance des techniques d'ascèse utilisées à des fins d'amélioration de la performance dans les organisations, révèle plusieurs autres données intéressantes. D'abord, la conduite *de* soi est bien un travail *sur* soi qui peut être mené de façon autonome si les techniques en sont maîtrisées, ici l'écriture. Ensuite, l'encadrement hiérarchique, tout en étant présent, ne remplace pas le travail sur soi. Comme le montre Yves Cohen[21], le chef lui-même n'est pas dispensé de ce travail sur lui-même.
Plus près de nous, un travail mené sur les contrôleurs de gestion d'un grand équipementier du secteur de l'automobile[22] montre que les contrôleurs qui sont, selon l'approche classique, l'incarnation du gardien, ceux qui font régner la discipline, sont placés dans une situation où ils sont à la fois contrôleurs et contrôlés. Cela est dû au fait qu'ils sont engagés dans un système hiérarchique, mais c'est encore accentué par le contrôle exercé par le client sur le site de production,

qui place fréquemment le contrôleur dans une situation où il doit justifier les chiffres qu'il donne à la fois auprès de la direction de l'entreprise et du client. Le système des enchères en vigueur pour la passation des contrats fait que l'entreprise s'engage vis-à-vis de son client et que le contrôleur de gestion est le garant des engagements pris. Or le contrôleur de gestion, isolé dans un secteur automobile dominé par les ingénieurs, ne dispose pas de toute la maîtrise technique. Les outils du contrôle de gestion ne peuvent donc être mis en œuvre que si le contrôleur de gestion se construit une ascèse de vie introduisant une régularité de son comportement pour faire face. Cette régularité repose sur l'utilisation de dispositifs de management qui lui donnent une forme d'assurance dans la validité de son comportement. Ce phénomène n'est pas isolé, et les comportements ascétiques induits par l'instrumentation de gestion sont présents dans des univers très différents.

Coaching et amélioration des conduites

Les ascèses en entreprise peuvent être conduites par des maîtres, le chef ou le manager, mais elles le sont de plus en plus fréquemment par le mentor ou le coach. Le recours au coaching, qui s'est considérablement développé ces dernières années, illustre parfaitement cette recherche de l'ascèse. Le coaching est en ce sens particulièrement intéressant : ce travail d'apprentissage d'une ascèse montre parfaitement l'ambivalence des pratiques de conduite de soi dans l'entreprise. Une enquête menée auprès de grandes entreprises mettant en œuvre le coaching pour la gestion de leurs managers fait clairement apparaître que la technique du coaching repose sur des exercices d'amélioration des conduites[23].

De prime abord, le coaching peut être défini comme une aide individualisée en vue de favoriser le développement personnel et professionnel, et pas comme un dispositif disciplinaire. Pour certains responsables RH, l'objectif est un objectif de conformation qui peut être assimilé à la discipline, mais il est aussi un moyen de s'affranchir d'une relation directe avec le collaborateur. Pour d'autres, il est au contraire un moyen de se rapprocher du collaborateur en se faisant aider d'un tiers. Dans tous les cas, la mise en œuvre de cette technique est particulièrement suivie par les responsables tout au long d'un processus qui va du choix des coachs à l'évaluation finale.
La surveillance exercée sur les individus dans l'entreprise, et dénoncée par les travaux critiques, est rendue possible par des outils de gestion mais elle n'est pas toujours effective. Le caractère éventuellement disciplinaire d'une pratique de coaching est lié au degré de surveillance exercé sur l'action de coaching par le manager du coaché et/ou le responsable des ressources humaines. Le coaching aura ce caractère disciplinaire si les outils de gestion des ressources humaines conduisant à décider le recours au coaching permettent aussi d'en suivre le déroulement. Ils constituent alors une physique du pouvoir.
Le contexte plus ou moins collectif de décision de recours au coaching et la fréquence des rencontres entre le coach, le manager du coaché et le responsable de gestion des ressources humaines sont autant d'indicateurs permettant une mesure de ce degré de surveillance. Le caractère disciplinaire du coaching est aussi fonction de l'attitude du manager prescripteur de coaching.
Les exemples mobilisés ici montrent comment les méthodes de management soutiennent les processus de subjectivation. À ce titre, si elles sont bien des nanotechnologies de l'économie,

elles agissent sur le vivant avant d'agir sur les choses. Les sujets se transforment à l'aide de ces méthodes au service des idéaux qu'elles servent. Cette transformation n'est cependant pas aussi mécanique et déterministe qu'elle y parait dans la mesure où les individus ne sont pas des marionnettes, comme nous l'avons déjà souligné.
Le cas du coaching est intéressant à ce titre puisqu'il montre bien l'ambivalence du procédé, pris entre l'aide apportée au coaché et le nécessaire suivi de la DRH. Certains coachés en arrivent d'ailleurs à développer des comportements qui n'étaient pas attendus au départ. Dans certains cas, on constate même des oppositions plus franches à la mise en place de méthodes de management. Ainsi, une entreprise canadienne dans le secteur des hautes technologies n'a pas réussi à imposer de nouveaux critères de performance aux salariés de son centre de recherche[24]. La direction avait pour objectif de transformer ses salariés en entrepreneurs à l'intérieur de l'entreprise afin de mieux répondre aux exigences des marchés. S'appuyant sur leurs savoirs spécifiques, les chercheurs ont refusé ce modèle. La rationalité comptable et financière n'a pu s'appliquer dans ce cas, car les sujets considérés avaient leur propre rationalité s'appuyant sur d'autres méthodes et d'autres idéaux : ne pouvant s'envisager comme des créateurs de valeur pour l'actionnaire, ils ont voulu conserver leur image de créateurs de projets.

La création de sujets

Si nous insistons sur l'ambivalence de ces pratiques, c'est pour souligner plus fortement encore l'intérêt d'ouvrir le débat sur les méthodes de management comme enjeu démocratique. Si elles n'étaient qu'instruments disciplinaires, alors il faudrait trouver une alternative idéologique. À l'inverse, le fait qu'elles soient mobilisables par la mise en œuvre d'ascèses les rend maîtrisables. Les ascèses de la performance sont donc l'un des termes du débat à instaurer. Et ce d'autant plus qu'elles constituent les techniques par lesquelles l'individu va se construire un rapport à lui-même pour atteindre des objectifs organisationnels.

Ce processus de construction d'un rapport à soi pour atteindre des objectifs organisationnels est un processus d'incarnation de l'organisation (*embodiment*). Le processus d'embodiment de l'entreprise se développe autour de figures d'acteurs typiques qui orientent les comportements. Ces figures d'acteurs émergent dans l'entreprise sous l'influence des discours managériaux liés à l'histoire et à la culture de l'entreprise[25]. Elles peuvent aussi être négociées avec les organisations syndicales ou encore définies par des experts qui interviennent dans l'entreprise. Elles ne décrivent pas tous les rôles dans l'entreprise, mais donnent des indications de comportement au travers de modèles à suivre.

Pour le management, la première source de la subjectivation réside dans la figure du chef, du leader, du manager, associée à l'orientation des conduites dans l'entreprise[26]. L'armée, le modèle militaire ont ainsi représenté l'archétype du commandement. Dans l'entre-deux-guerres, la doctrine énoncée par Lyautey dans son livre *Le rôle social de l'officier* a été particulièrement influente dans la formation des ingénieurs. Cette influence de l'armée s'est aussi prolongée à partir du recrutement d'un personnel ayant été formé militairement après la Seconde Guerre mondiale, dans les années 1960 avec la guerre d'Algérie. Cependant, le fonctionnement de l'organisation ne repose pas seulement sur l'aptitude au commandement du chef. En effet, le guidage des conduites dans un contexte d'organisation ne peut être effectué par le chef seul. C'est là que la formation des ascèses prend ses racines.

Indispensable au déroulement des procédés de subjectivation, une autre source, moins visible, réside dans l'apport des sciences sociales. Celles-ci ont en effet fourni les savoirs permettant d'améliorer le commandement dans les organisations (psychologie, socio-psychologie ou sociologie des organisations). Elles ont eu une forte influence sur les méthodes de management mises en œuvre dans les entreprises[27]. De ce point de vue, les sciences sociales constituent un support indispensable à la formation des ascèses.

Par l'action sur soi qu'elles imposent pour donner son efficacité à l'organisation, les techniques de management orientent les conduites, et permettent donc d'exercer sur chacun un pouvoir. Ce que montre l'étude des technologies managériales, c'est que ce pouvoir suppose, pour être pleinement actif, une forme de consentement. Il ne s'agit pas de la « servitude volontaire » au sens de La Boétie, parce qu'aucun monarque ne se présente ici comme détenteur de ce « biopouvoir », s'exerçant sur la vie et même sur les corps. Les dispositifs de management agissent en fixant par exemple les objectifs de productivité ou les normes de qualité.

La subjectivation produite n'est ni sournoise ni invisible, et elle prend d'autant plus d'ampleur que les débats politiques sur la subjectivation, qui prenaient traditionnellement la forme de l'engagement partisan, sont inopérants. Les objectifs ou les normes bien que connus – et même acceptés – sont pourtant peu discutés d'un point de vue politique. Exemple emblématiques, les normes de qualité – dont l'application est lourde de conséquences touchant au fonctionnement et aux objectifs des entreprises, à l'organisation du travail et donc à la vie des salariés – sont édictées par un organisme international privé qui a toute autorité sur le sujet et échappent complètement au contrôle des États[28].

C'est là que l'articulation se profile entre le management et le politique. En effet, les idéaux dont nous avons parlé jusqu'à présent sont aussi porteurs d'une dimension politique. La recherche d'inspiration foucaldienne[29] sur les organisations a mis l'accent sur le pilotage à distance du gouvernement managérial par le gouvernement politique. Le lien entre les entreprises et l'État y est décrit à partir d'un ensemble de programmes de gouvernement de la vie économique – voir *supra* les travaux de Peter Miller et Ted O'Leary. Cette approche mérite cependant d'être complétée par l'introduction du concept d'objets communs de gouvernement.

Gouvernement politique et économique, gouvernance d'entreprise et managériale

Distinguer les différents types et niveaux de gouvernement ou de gouvernance[30] constitue une étape fondamentale. Le gouvernement politique et économique est censé déterminer les objectifs au niveau macro. Il s'exerce aujourd'hui à des niveaux supranationaux comme locaux. Ces objectifs percolent, de différentes manières, depuis la contrainte légale jusqu'à l'influence idéelle et matérielle jusque dans les entreprises et les organisations. La gouvernance d'entreprise quant à elle porte essentiellement sur les structures de l'entreprise, sur ses relations avec les parties prenantes, et comporte ainsi une très forte dimension juridique.

Une articulation évolutive autour d'objets communs de gouvernement

> « Le gouvernement d'entreprise fait référence aux relations entre une direction d'entreprise, son conseil d'administration, ses actionnaires et d'autres parties prenantes. Un gouvernement d'entreprise de qualité doit inciter le conseil d'administration et la direction à poursuivre des objectifs conformes aux intérêts de la société et de ses actionnaires et faciliter une surveillance effective des résultats obtenus. » (OCDE, *Principes de gouvernement d'entreprise*, 2004, p. 11)

Les parties prenantes (salariés, clients, fournisseurs, etc.), sont prises en compte, mais la préoccupation qui domine est celle des relations de l'entreprise avec son environnement et, en particulier, avec ses actionnaires. La gouvernance d'entreprise est par conséquent une strate bien spécifique de la relation entre gouvernement politique et économique. Elle règle de manière institutionnelle et juridique le rapport de l'entreprise à son contexte partenarial et – surtout – actionnarial, mais elle ne dit rien du fonctionnement quotidien de l'entreprise. Autrement dit, elle se cantonne à un niveau de prescription générale en laissant toute latitude aux dirigeants et aux managers dans l'application concrète de métarègles.

Le management représente cette latitude mais, généralement considéré comme un ensemble de recettes techniques sans conséquences ou, au contraire, comme le mal absolu – voir *supra* –, il n'est pas analysé dans son rapport au politique. Or le management a probablement plus de lien avec la sphère politique que les métarègles formelles de la gouvernance d'entreprise. C'est ce que nous appellerons ici la « gouvernance managériale », qui met en relation des individus, des collectifs et des dispositifs de management à l'intérieur de l'entreprise. Dans le cadre de cette « délégation » du politique vers l'entreprise, l'articulation repose sur la gouvernance managériale et se fait par la définition d'objets communs de gouvernement.

Ces dispositifs sont multiples, mais le domaine de la gestion des ressources humaines est particulièrement éclairant concernant l'imbrication entre gouvernement politique et gouvernement managérial. Cette imbrication est apparue de manière particulièrement forte au début des années 1970 quand les partenaires sociaux ont mis en œuvre le programme des accords de Grenelle. Cette référence, qui reste vivace dans notre imaginaire politique, a été le point de départ d'un ensemble de négociations où a été repensée l'articulation entre gouvernement politique et gouvernance managériale.

La carrière ouvrière issue des négociations programmées à Grenelle en 1968, en est une parfaite illustration : pour l'État, elle favorise la quiétude politique de la population ouvrière dont les grèves de 1968 lui ont fait craindre une dérive gauchiste. Pour l'entreprise, elle permet de bâtir des règles de gestion du personnel autour de principes négociés et acceptés par tous. L'accord sur la formation professionnelle de 1971 est un

autre moment majeur de cette articulation parce qu'il affirme que la formation de l'individu doit être organisée et bénéficier au plus grand nombre.
Attachons-nous à présent à deux objets communs de gouvernement, l'accord de classification des emplois (1970) et la GPEC (1980).

1970 : l'accord de classification des emplois

L'accord de classification des emplois signé dans la métallurgie en est peut-être l'aspect le plus spectaculaire. La négociation de la classification des emplois est un outil à la frontière de la gestion publique et politique de l'emploi, du marché du travail, et de la gestion managériale de ce marché. Le point commun en est la fixation des minima salariaux. En réalité, au début des années 1970, la renégociation de ces accords est allée au-delà, jusqu'à redéfinir une figure du salarié citoyen, un salarié intégré dans l'entreprise où il peut développer des projets de carrière. Le secteur le plus influent était alors la métallurgie, où les organisations syndicales et les employeurs étaient particulièrement bien structurés – ces derniers autour de l'Union des industries métallurgiques et minières (UIMM) qui a toujours été un organisme patronal influent dans le domaine social.
Au début des années 1970, ni le gouvernement politique ni la gouvernance managériale n'avaient la possibilité de réaliser des réformes. La négociation de cet accord de classification montre que le gouvernement politique et le gouvernement managérial se sont associés pour redéfinir conjointement la figure de l'ouvrier citoyen. Notons également qu'à la fin des années 1960 l'intégration des ouvriers dans la société française était une préoccupation du gouvernement de Jacques

Chaban-Delmas, comme le montre la réforme de la mensualisation qui consiste à étendre au plus grand nombre le paiement au mois.

Cet accord s'est fait dans un contexte très particulier, au moment où le mouvement de grève s'étendait, où la contestation idéologique était forte et où les organisations syndicales elles-mêmes étaient soumises à des divisions internes. L'association du gouvernement politique et du gouvernement managérial s'est alors construite autour du projet de créer une nouvelle figure d'acteur de l'entreprise, l'ouvrier mensualisé, et de le faire à partir d'une population suffisamment importante quantitativement, afin que puisse s'y appliquer la logique du gouvernement politique. Le droit de la formation continue, alors naissant, devait permettre de soutenir cette évolution.

L'étude du processus de la négociation montre que la carrière ouvrière est l'objet principal à partir duquel les syndicats et le patronat établissent leur stratégie de négociation. La négociation des salaires est ainsi complétée par la négociation d'un objet de gouvernement, commun au patronat et aux organisations syndicales.

Un objet commun de gouvernement correspond à un ensemble de questions à partir desquelles les pratiques de gestion peuvent être contrôlées[31], le dispositif de management donnant de la visibilité à cet objet pour les salariés et les employeurs. Ici, il structure la seconde phase de négociation. L'ouvrier spécialisé fait de part et d'autre l'objet d'une attention toute particulière. Les dispositifs de management et, en particulier les outils de gestion des ressources humaines, sont les instruments de l'articulation entre politique et entreprises.

La rencontre entre la mensualisation et la possibilité de la carrière ouvrière a été l'instrument de construction de l'ouvrier citoyen.

1980 : la GPEC

Plus près de nous, le cas de la gestion prévisionnelle des emplois et des compétences est exemplaire. Il montre comment l'État a confié la prévision de l'évolution de l'emploi aux entreprises – l'objectif affiché étant de fluidifier le marché du travail en faisant contrôler la prévision par les partenaires sociaux. Les pouvoirs publics ont de longue date créé des instances de prévision de l'emploi réunissant des experts en économie et en sociologie, mais le recours à un outil de gestion et à l'expertise en management est plus nouveau. La gestion prévisionnelle des emplois a par exemple été formalisée dans les années 1980 dans les entreprises. Elle a évolué depuis sous la forme de la gestion prévisionnelle des emplois et des compétences (GPEC). Elle a acquis un caractère d'obligation avec la loi Borloo de 2005. La GPEC articule ainsi des dispositifs et des pratiques de management (recrutement, formation, organisation du travail, etc.) au niveau de l'entreprise et une perspective macro en termes d'emploi.

Gouvernement politique, gouvernance managériale

La relation entre gouvernement politique et gouvernance managériale prend le plus souvent des formes complexes. En effet, les modes de fonctionnement du politique et du managérial diffèrent. Si l'on se réfère maintenant à la démarche foucaldienne, le gouvernement politique libéral est « pastoral », mais cette métaphore ne convient pas à la gouvernance managériale : les entreprises ou les organisations s'appuient sur une segmentation fine et évolutive du personnel, c'est pourquoi le troupeau n'est pas une métaphore adaptée au gouvernement managérial – ou plus exactement n'est plus adaptée, les grands effectifs ouvriers tendant à disparaître. Ainsi, si la préoccupation du pouvoir politique est pastorale, la préoccupation du gouvernement managérial est « subjectivante », et cette subjectivation est obtenue par l'application d'ascèses. L'offre d'ascèses est variée et évolutive, et au sein de l'entreprise coexistent différentes formes d'ascèses – le coaching dont nous avons parlé plus haut, ne s'adresse pas à tous.

Une des préoccupations majeures du gouvernement managérial est de pouvoir recomposer rapidement les catégories de salariés à gouverner. C'est donc aujourd'hui une segmentation très fine de l'effectif qui est privilégiée et qui évolue à des moments clés. Par ailleurs, le droit du travail conduit à affiner encore cette segmentation. Il distingue des catégories professionnelles, ingénieurs et cadres, employés et techniciens, ouvriers, que les conventions collectives affinent elles aussi. Ainsi, la législation sur la durée du travail distingue les cadres dirigeants, les cadres intégrés à un atelier, un service ou une équipe et les cadres autonomes. Dans le cadre d'un plan social par exemple, elle doit être repensée ; dans le cadre de la gestion prévisionnelle des effectifs elle doit être régulièrement réexaminée.

Toutefois, les objectifs propres à chaque forme de gouvernement font qu'ils ne sont pas directement concurrents. Cela n'a pas toujours été le cas. Après la Seconde Guerre mondiale, le management est apparu comme un moyen d'échapper aux idéologies et un gouvernement managérial a semblé pouvoir se substituer au gouvernement politique. Le livre de James Burnham, *La révolution managériale qui survient dans le monde*, a rencontré en France un très grand succès[32]. La traduction française du titre à la parution, en 1947 n'était pas celle-ci. Le livre s'intitulait *L'ère des organisateurs*, ce qui traduit bien le lien que la politique entretient avec le management. Le management fournit des normes que le politique utilise. Cette interprétation peut varier d'un extrême – selon lequel les organisateurs doivent remplacer le personnel politique – à un autre – selon lequel les normes managériales doivent permettre une reconstruction du politique. La relation entre gouvernement politique et gouvernement managérial ne s'est pas seulement faite par la formation d'un personnel commun ; nous l'avons vu, elle passe aussi – et peut être surtout – par la définition d'objets communs de gouvernement.

Nanotechnologies de l'économique et du social, véhicules matériels des grands idéaux sociaux, producteurs des sujets au travers d'ascèses, porteurs de l'articulation entre gouvernement politique et gouvernance managériale, les dispositifs de management ne sont pas aussi insignifiants qu'il y paraît de prime abord. La managérialisation de la société, c'est-à-dire la colonisation de tous ses secteurs par les dispositifs de management et, surtout comme la prééminence des fictions managériales, tend à rendre la question plus brûlante encore.

Notes

1. « Il y a beaucoup de place en bas. »

2. Benoît Heilbrunn (dir.), *La performance, une nouvelle idéologie ?* Critique et enjeux, La Découverte, 2004 ; Alain Ehrenberg, *Le Culte de la performance*, Hachette, coll. "Pluriel", 2003.

3. Giorgio Agamben, *Qu'est-ce qu'un dispositif ?*, Rivages Poche - Petite Bibliothèque, 2007, p.21-22.

4. Il est à noter que l'économie (la « science économique ») a totalement déserté le territoire des dispositifs. Pourtant, si l'on en croit Agamben, le gouvernement des hommes ne peut exister sans eux. En revanche, les sciences politiques ou la sociologie ne les ignorent plus depuis quelques années.

5. Anne Pezet, *La décision d'investissement industriel*, Economica, 2000, pour une illustration parmi d'autres.

6. « Il y a beaucoup de place en bas. Ce dont je veux parler concerne la question de la manipulation et du contrôle des choses à une toute petite échelle. » Texte disponible à l'adresse : http://www.its.caltech.edu/

7. Jean-Claude Petit, *Les nanotechnologies doivent-elles nous faire peur ?* Le Pommier, 2005, p.13.

8. Partout dans le monde, des instances très prestigieuses (comme la Royal Society en Grande-Bretagne) ou des groupes plus ou moins officiels (par exemple, ETC – Érosion, Technologie et Concentration – au Canada, ou Pièces et Main-d'œuvre, en France) évaluent, critiquent (ou diabolisent) les effets potentiels des nanotechnologies. Le rapport de l'ETC intitulé *The Big Down* (2003) examine ainsi quels sont les tenants et les aboutissants de recherches qui mobilisent des moyens considérables.

9. Voir le chapitre 3 de cet ouvrage.

10. La différence entre efficacité et efficience n'est pas que de détail puisque contrairement à l'efficacité, qui ne suppose que d'atteindre le résultat prévu, l'efficience impose d'atteindre ses objectifs en optimisant les ressources utilisées.

11. Voir pour une perspective historique, Aimé Moutet, *Les logiques de l'entreprise. La rationalisation dans l'industrie française de l'entre-deux-guerres*, Éditions de l'EHESS, 1997.

12. Suzanne Berger, *Made in Monde : les nouvelles frontières de l'économie mondiale,* Le Seuil, 2006.

13. Peter Miller & Ted O'Leary, « Accounting and the Construction of the Governable Person », *Accounting, Organizations and Society*, 12/3, pp. 235-265, 1987.

14. Ibid, p. 251.

15. Peter Miller, « Accounting Innovation beyond the Enterprise: Problematizing Investment Decisions and Programming Economic Growth in the UK in the 1960s », *Accounting, Organizations and Society,* 16/8, pp. 733-762, 1991.

16. Voir le chapitre 3 pour plus de développements.

17. « La question de l'impôt et des méthodes d'amortissement a constitué un mécanisme fort par lequel on a tenté de persuader les managers de la pertinence et de l'importance d'user d'une technique particulière pour faire leurs choix d'investissements. (…) Le futur, y compris toutes ses incertitudes, tous ses risques et etous ses espoirs, pouvaient être capturé dans le présent et exprimé dans un seul chiffre. »

18. Éric Pezet, *Management et conduite de soi : enquête sur les ascèses de la performance*, Vuibert, 2007.

19. Pierre Hadot, *Qu'est-ce que la philosophie antique ?*, Gallimard, 1995, p. 276.

20. Josette Bouvard, « Les journaux ouvriers ou l'écriture au service de l'entreprise stalinienne. L'Histoire du métro de Moscou (1931-1935) », dans Éric Pezet (dir.), op.cit.

21. Op. cit.

22. Caroline Lambert et Éric Pezet, « Discipliner les autres et agir sur soi. La double vie du contrôleur de gestion », *Finance, Contrôle, Stratégie*, 2007.

23. Sébastien Damart et Éric Pezet, «Étude exploratoire sur l'attitude des managers envers le coaching», *Revue Française de Gestion des Ressources Humaines*, janvier 2008.

24. Nelarine Cornelius et Pauline Gleadle, «La conduite de soi et les sujets entreprenants : les cas Midco et Labco», dans Éric Pezet (dir.), op.cit.

25. Voir à ce sujet, Jérémy Morales et Anne Pezet, «Les contrôleurs de gestion, "passeurs" de la financiarisation. Étude ethnographique d'une entreprise de l'industrie aéronautique», document de travail, DRM-Crefige, 2008.

26. Yves Cohen, «Les chefs, une question pour l'histoire du XXe siècle», *Cités*, n° 6, 2001, pp. 67-83.

27. Anne-Sophie Perriaux, *Renault et les sciences sociales : 1948-1991*, Seli Arslan, 1999.

28. Nous reviendrons sur la question des normes au chapitre 2.

29. Réalisée en Grande-Bretagne pour l'essentiel : voir Éric Pezet, «Discipliner et gouverner. Influence de deux thématiques foucaldiennes en sciences de gestion», *Finance, Contrôle, Stratégie*, vol. 7, n°3, septembre 2004, pp.169-189.

30. Nous n'ergoterons pas sur les subtilités de langage qui entourent les deux termes, gouvernement et gouvernance. Nous aurons tendance à réserver le terme de gouvernement à la chose publique ou au niveau institutionnel.

31. Armand Hatchuel (2000), «Prospective et gouvernance : quelle théorie de l'action collective ?», dans É. Heurgon et J. Landrieu (coord.), *Prospective pour une gouvernance démocratique*, La Tour d'Aigues, Éditions de l'Aube, pp. 29-42.

32. «James Burnham en France : l'import-export de la "révolution managériale" après 1945», Revue française de sciences politiques, vol. 53, avril 2003, pp. 257-275.

2. LA MANAGÉRIALISATION DE LA SOCIÉTÉ

« Première initiative : œuvrer pour le partage des meilleures pratiques de gestion. Les amis de la LOLF souhaitent faire connaître largement les exemples de bonne gestion qui pourraient inspirer l'administration française, qu'ils proviennent du secteur public, para-public ou privé, de la France ou de l'étranger. » Communiqué de presse pour le lancement du club des amis de la LOLF (Loi organique relative aux lois de finance), 25 janvier 2006[1].

Un système productif nébuleux, mais efficace

Des nanotechnologies de l'économique et du social

Comme l'écrivait David Noble dans son histoire sociale de l'automatisation industrielle, « this is not a book about American technology but about American society »[2]. Partant ainsi de la technologie, dans sa version « dure », David Noble montrer que celle-ci, loin d'avoir une existence autonome, façonne au contraire la société. De la même façon, les méthodes de management, dénuées de la neutralité qu'on leur confère sans même y prêter attention, participent de manière imperceptible – mais active – au fonctionnement de notre société et à sa structuration.

Le mode de fonctionnement des dispositifs de management, comme nanotechnologies de l'économique et du social, favorise grandement la dissémination du management dans toutes les sphères de l'économie et de la société. Ce mode de fonctionnement est encore renforcé par le système technique et productif qui s'est mis en place au travers des entreprises, des consultants ou encore des académiques. Il conduit à la

managérialisation de la société, c'est-à-dire à la diffusion des méthodes de management dans l'ensemble de la société.
État, associations, écoles ou hôpitaux... rien ne semble pouvoir échapper au management et à ses méthodes. Mais pourquoi se soucier de ces micro-objets qui peuplent la société et qui, en apparence du moins, ne feraient rien de plus que de permettre, de manière tout à fait neutre, de calculer un coût, mesurer un rendement ou évaluer une personne[3] ? Ils font partie de l'intendance, quand ce n'est pas de la « cuisine managériale », et ne méritent pas, à coup sûr, que l'on s'y intéresse.
À ce titre, l'affaire Enron et ses multiples avatars, aussi bien outre-Atlantique (Worldcom, Xerox, Refco, etc.) que chez nous, pays du capitalisme « bien tempéré » – ou supposé comme tel – (Vivendi, Altran, Marionnaud, etc.) ont au moins eu le mérite de mettre à jour et de nous permettre de redécouvrir ce que Marx et Weber avaient déjà bien perçu, à savoir que la comptabilité constitue l'un des rouages essentiel de l'économie et de la société. Et encore la comptabilité n'est-elle que la partie émergée de l'iceberg !
D'autres méthodes de management œuvrent dans l'ombre, inconnues du grand public. Elles sont réservées aux experts qui en font de puissants supports de décisions de toutes natures (investissements, délocalisations, licenciements, promotions, etc.). Et quand on dit que les experts « se battent à coup de chiffres », ce n'est pas exact : ils se renvoient surtout des dispositifs conventionnels assis sur des conventions différentes. Les chiffres n'en sont que le résultat ; là encore, l'essentiel reste immergé. Pourtant, les méthodes de management sont au cœur du fonctionnement social : elles ont colonisé des pans entiers de nos sociétés grâce à un système technique et productif

efficace. Ce constat nous amène à penser qu'il est urgent de travailler les techniques de management de l'intérieur pour en cerner tous les effets.

Le management est souvent décrit comme un art, comme une idéologie, comme un système de pouvoir ou encore comme un discours, tandis que Legendre le qualifie par exemple d'« empire mou »[4]. Ces catégories, pour pertinentes qu'elles puissent être, dissimulent l'essentiel. Le management, loin d'être un corps mou, s'appuie sur des substrats matériels et bien concrets.

Les méthodes de management sont certes le fruit d'un procès qui combine innovation, production et commercialisation. Mais le management n'est pas seulement une collection de techniques éparses, celles-ci peuvent faire système technique, au sens de Bertrand Gille[5], c'est-à-dire qu'elles se complètent et deviennent inséparables, et, plus encore, système productif, c'est-à-dire qu'elles sont conçues, produites et commercialisées comme des produits. C'est ce qui leur permet de coloniser des pans entiers de la société, en particulier les secteurs non marchands.

Les réseaux du management

Cette cohérence des méthodes de management à un instant donné leur confère plus de force. C'est pourquoi nous placerons les méthodes de management comme système technique et productif, au cœur de notre propos. Ce système présente l'aspect d'une nébuleuse car ses contours ne sont pas directement visibles, tant le réseau d'acteurs qui le compose est relié de manière lâche.

Ce n'est pas seulement le caractère idéologique ou discursif du management qui lui donne sa position hégémonique actuelle. C'est cette double dimension technique et productive, profondément matérielle.

Le rapport du groupe ETC (Action Group on Erosion, Technology and Concentration) intitulé *The Big Down*[6] examine ainsi quels sont les tenants et les aboutissants de recherches qui mobilisent des moyens considérables. Il s'articule autour de plusieurs questions : "look who's talking, look who's patenting, look who's paying, look what's (already) happening"[7]. Ce rapport recense également les principaux acteurs à l'ouvrage, non sans humour : les institutions scientifiques ou « nanonerds » qui sont les « allumés » des nanotechnologies, les entrepreneurs ou « nanonichers » qui les nidifient pour en faire leur avantage compétitif, les multinationales ou « nanobobs » qui en sont les riches protecteurs, les « nababs », les gouvernements ou « nanobuddies » qui en sont les « potes » et les représentants de la société civile, ou « nanowatchdogs », qui les surveillent.

Tout comme les nanotechnologies, les dispositifs de management bénéficient de réseaux mal identifiés, mais néanmoins puissants. Ces réseaux assurent, de manière diffuse, l'innovation, la production et la diffusion/commercialisation des méthodes. Les dispositifs de management ont eux aussi leurs nidificateurs (les entreprises dont certaines fondent leur légitimité sur leurs méthodes de management), leurs « allumés » (les consultants et un certain nombre d'académiques), etc. En revanche, les chiens de garde sont bien peu nombreux et se trouvent plutôt du côté des chercheurs en sciences humaines et sociales – y compris en management.

Les entreprises : nanonichers et nanobobs

Le principal creuset d'innovation en matière de méthodes de management est constitué par les entreprises (ou autres formes d'organisation économique en fonction des époques). Historiquement, les méthodes de gestion font leur apparition chez les commerçants.

> « Déjà dans le monument juridique d'Hammourabi, on trouve des textes qui attestent la tenue des comptes, tel celui qui est relatif

> au contrat de commission et qui semble bien constituer l'obligation légale sinon de la tenue d'une véritable comptabilité, tout au moins, de l'enregistrement en forme de compte de certaines transactions. » (J.H. Vlaemminck, *Histoire et doctrines de la comptabilité*, Ed. Pragnos, 1979, 1re édition 1955)

Les utilisateurs directs ont su inventer très tôt, en particulier en Mésopotamie, des instruments sophistiqués.

> « Nous voyons alors des documents qui montrent un modernisme étonnant puisqu'ils remplissent les fonctions d'analyse et de synthèse annuelles tout comme le font les comptabilités actuelles. » (Claude Cossu, « Les pratiques comptables en Mésopotamie, après l'invention de l'écriture », *Journée d'histoire de la comptabilité*, Tours, 1996)

Cette histoire se poursuit avec l'invention de la comptabilité en partie double par les marchands italiens à la fin du Moyen Âge. Plus près de nous, ce sont encore des chefs d'entreprises, des ingénieurs, des managers qui mettent au point des principes, concepts ou méthodes de management : ainsi en est-il de Henri Fayol (Société industrielle et minière de Commentry-Fourchambault), Frederik Taylor (Bethlehem Steel), Alfred Sloan (General Motors), Taichi Ohno (Toyota) ou encore Jack Welch (General Electric).

Certaines entreprises deviennent ainsi des concepteurs de méthodes de gestion reconnues par leurs pairs, au point que leurs salariés sont quelquefois débauchés pour assurer un transfert de compétences. Valeo par exemple est devenue une entreprise référence en matière d'achats, et ses acheteurs sont convoités dans tous les secteurs d'activités. L'entreprise fait d'ailleurs état d'une partie des méthodes utilisées, publiquement, sur Internet, montrant ainsi que les méthodes de management font partie du patrimoine de l'entreprise.

Les académiques et les consultants : les nanonerds

Les académiques constituent un deuxième vivier de production de méthodes de management. Ils interviennent comme inventeurs à des niveaux qui peuvent cependant varier. La production peut porter sur des méthodes dont la diffusion va reposer sur la formation.

Dans ce cas, l'invention d'une méthode de management ne conduit pas nécessairement à sa diffusion en l'état dans les entreprises. Les difficultés sont nombreuses.

« Le groupe HEC, par l'intermédiaire de ses professeurs de contrôle organisationnel et contrôle de gestion, a mis au point la démarche OVAR (Objectifs, variables d'action, responsables) et l'a expérimentée, pendant plus de vingt ans, dans de nombreuses organisations pour : renforcer la cohérence au sein des équipes de direction, structurer le contenu d'un système d'information en vue de suivre l'évolution de cette cohérence, sous la forme de tableaux de bord de gestion. Cette démarche connaît une très forte demande, et ses concepteurs et promoteurs actuels ne peuvent plus la satisfaire seuls. Ils souhaitent donc la partager, dans son esprit et dans ses modalités d'application, avec d'autres spécialistes de la démarche OVAR. Ces spécialistes peuvent être employés d'une organisation et chargés par celle-ci de la mise en œuvre de la démarche ; ils peuvent également être professeurs ou consultants externes. Elle requiert du spécialiste qui s'en réclame une préparation minutieuse et une longue expérience pour qu'il puisse se présenter comme expert. Sans ce parcours d'initiation, le spécialiste risque d'apparaître comme un apprenti sorcier. C'est pourquoi le groupe HEC, garant de la pertinence de la démarche OVAR a décidé de mettre en place un processus de certification de l'expertise OVAR. (…) »[8]

Les chercheurs d'HEC, forts du succès de la méthode OVAR s'inquiètent ainsi du délitement de la démarche qu'ils préconisent alors qu'ils cherchent à la promouvoir au travers d'un réseau d'intervenants. Ils constatent que « l'expérience menée jusqu'ici auprès de professionnels qui ont suivi des séminaires de formation à la démarche OVAR et l'ont mise en œuvre une seule fois avec notre soutien n'a pas donné les résultats escomptés. (…) Malgré nos recommandations, certains ont perverti la démarche : ils l'ont appliquée à la lettre mais en en perdant l'esprit ; ils ont négligé ses fondements ; ils ont réduit son application à ses aspects les plus mécaniques. (...) Dans certaines publications et lors d'activités de conseil, la description de la démarche a pu être dénaturée dans sa finalité, déformée dans sa signification et même, parfois, altérée dans sa technique. »[9]

Nous voyons que la déconvenue des auteurs est grande. Les termes employés expriment bien leur déception : perversion, perte de l'esprit, dénaturation, déformation, altération montrent le sentiment qu'ont les auteurs d'avoir perdu la maîtrise de leur dispositif. Et pourtant, il ne s'agit là que d'un usage réplicatif par des professionnels et non de l'usage qui en sera fait dans les organisations par les utilisateurs finaux.

De tous les maux constatés par ces « inventeurs », c'est l'altération de la technique qui semble le plus aigu. Ce caractère incertain, voire artisanal, disparaît avec la recherche en finance quand elle se met, de manière plus ou moins explicite, au service de l'industrie financière.

Le projet de l'institut Europlace de finance est ainsi très explicite : « The Europlace Institute of Finance (EIF) is a Foundation that aims at developing theoretical and applied research in finance for the benefit of finance professionals – corporate issuers, asset managers, banks and other financial institutions, insurance companies, etc. The Institute is intended mainly for ongoing exchange of views and information among prominent finance professionals, academics and researchers. (...) The research programs completed under the auspices of the Institute include both theoretical and applied research that meets themes of interest of finance professionals. » (Source: site Internet de l'Institut Europlace)

Celui de l'IDEI (Institut d'économie industrielle) de Toulouse ne l'est pas moins : « Proposer une organisation efficace des marchés financiers et de l'assurance est un objectif visé par les chercheurs de l'IDEI pour contribuer à un meilleur financement des entreprises et à un meilleur partage des risques. Par exemple, les chercheurs se prononcent sur les conditions de la gestion et de la répartition efficace des risques de santé, de portefeuille et de patrimoine. Ils mènent aussi des recherches dans le domaine des cartes de crédit et celui des systèmes de paiement interbancaires. » (Source : site Internet de l'IDEI)

Cette recherche en finance a pour vocation soit de répondre très directement aux besoins des professionnels de la finance (banques, compagnies d'assurance, gestionnaires de fonds, etc.), en leur fournissant des modèles mathématiques en particulier, soit de fournir les instruments nécessaires au bon fonctionnement du capitalisme (financement des entreprises, partage des risques, etc.). Nous voici bien loin de l'artisanat.
Dans cette nébuleuse managériale, les consultants jouent un rôle de passeurs… et de commerçants. S'inspirant généralement des pratiques des entreprises et des travaux de chercheurs, ils industrialisent et commercialisent des produits. Ils participent ainsi bien plus à la diffusion des méthodes de management qu'à leur conception. Les cabinets de conseil et les consultants vendent ainsi des méthodes de gestion mais aussi leur « implémentation » sous formes de formations idoines et de systèmes d'information associés.
Quand chercheurs et consultants s'allient, le système de production/commercialisation gagne en efficacité. Les *business schools* américaines ont montré la voie dans ce domaine. Le duo formé de Kaplan (professeur à la prestigieuse Harvard Business School) et Norton (consultant) a ainsi permis de concevoir puis de commercialiser le Balanced Scorecard. Hammer, ancien professeur au MIT, s'est associé à Champy (consultant) pour populariser et vendre le Business Process Reingineering. Il a ensuite monté son propre cabinet de consultant. Les exemples de ce type sont nombreux aux États-Unis. Plus près de nous, le CAM-I (Consortium of advanced management - International), basé à Londres, rassemble des intervenants diversifiés en vue de résoudre des problèmes de management.

Les méthodes de management sont transformées en produits dont le commerce peut s'avérer extrêmement lucratif, d'autant plus que ceux qui les commercialisent ne sont généralement pas ceux qui les produisent.

> « CAM-I is an international consortium of manufacturing and service companies, government organizations, consultancies, and academic and professional bodies who have elected to work cooperatively in a pre-competitive environment to solve management problems and critical business issues that are common to the group. »[10]

Les « délivrables » du CAM-I comprennent des méthodologies, des modèles, des outils, des formations, etc. Le CAM-I a ainsi contribué à la conception et à la diffusion de l'Activity based costing, du Beyond budget model, etc.
L'efficacité de ces tandems et l'impact de ces méthodes de management est démultiplié quand un éditeur de progiciel s'empare de l'une d'elle. Les grands éditeurs d'ERP (Enterprise resource planning, ou progiciel de gestion intégré) ont ainsi introduit l'Activity based costing (ABC) dans leurs produits. L'Allemand – et leader mondial – SAP a même pour ce faire racheté un petit éditeur spécialisé dans l'ABC.

Les enseignants : les nanobuddies

Pour parfaire les contours de cette nébuleuse des méthodes de management, un dernier acteur sera évoqué : les enseignants, qui agissent – avec une certaine innocence généralement – comme des prescripteurs. Dans les universités et dans les écoles où l'on enseigne la gestion, l'enseignement reste, quelquefois, technicien. Et même si la qualité de l'enseignement s'est considérablement améliorée, en particulier du fait de l'arrivée à l'université et dans les écoles d'un plus grand nombre de docteurs en sciences de gestion, la base de l'enseignement est organisée autour des différentes techniques propres à chaque grande fonction de l'entreprise. Ainsi, on enseignera des méthodes telles l'Activity based costing, le Balanced

Scorecard, les normes IFRS ou encore la gestion des compétences. Certains établissements vont jusqu'à inclure dans leur programme l'usage d'ERP (Enterprise resource planning ou progiciels de gestion intégrés) spécifiques avec le soutien financier et humain des éditeurs.
Les étudiants sont d'ailleurs souvent demandeurs de « recettes » faciles à appliquer et révélatrices, dès leur arrivée dans l'entreprise, de leurs compétences. Ces recettes agissent d'abord comme des anxiolytiques : là où l'entreprise est ressentie comme complexe – voire menaçante – la technique permet de se rassurer. Ainsi, l'ouvrage clé en management est le manuel. Écrit par un enseignant-chercheur d'université ou d'école, il a une visée prescriptive dans la plupart des cas. Un certain nombre d'éditeurs en France s'en sont fait les spécialistes[11] : Economica, Dunod, Vuibert, etc. Si les manuels sont généralement des ouvrages de bonne qualité destinés à un public d'étudiants, ils ont entraîné dans le sillage de leur succès une production d'une autre nature, les ouvrages de « recettes managériales ». Ce marché est considérable, et son accroissement participe à la managérialisation en diffusant une vulgate technique imparable. Celle-ci participe à la managérialisation de la société, mais d'autres forces sont à l'œuvre.

Une société managériale ?

Alternative à l'économie standard, la conception de l'économie comme science performative[12], c'est-à-dire comme discours performant les pratiques – en particulier au travers de dispositifs de management – permet d'éclairer le processus de managérialisation de la société. L'économie standard, en privilégiant l'analyse quantitative et mathématique, néglige l'étape fondamentale des pratiques. Seul un intérêt marqué pour « l'intendance » peut réconcilier les deux niveaux d'analyse. En effet, la conception que l'on se fait de l'économie est performée par les dispositifs jusque dans les pratiques. L'étude de la société managériale permet ainsi de reconsidérer les choix (ou non-choix) économiques qui se font au niveau politique. L'analyse des pratiques et des dispositifs les plus triviaux a pour but de mettre en lumière une pensée économique de moins en moins débattue. En effet, une seule conception du capitalisme, celle du capitalisme financier ou total[13], semble privilégiée au travers de la normalisation internationale, comptable mais aussi sociale ou environnementale, ainsi qu'au travers du *new public management*.

Les normes internationales ou la soft law managériale

Normes comptables

Le processus de production des normes comptables est particulièrement intéressant : produites par un organisme de droit privé, elles sont adoptées par des États ou des collectifs d'États, au premier rang desquels, l'Europe. L'acteur public les impose ensuite aux entreprises et organisations. Bernard Colasse y voit « une petite révolution intellectuelle »[14] dont on a mal évalué les conséquences.

> « Lorsque la Commission européenne a proposé au Conseil et au Parlement que l'Union sous-traite sa normalisation à l'IASC /IASB, elle n'avait sans doute pas complètement conscience des diverses

implications de cette sous-traitance pour un certain nombre de pays de l'Union. Car c'est bien d'une petite révolution dont il s'agit pour les pays qui, comme la France, ont un modèle comptable éloigné du modèle anglo-saxon qui inspire les travaux de l'IASC/IASB. » (Bernard Colasse, « De l'enseignement des normes comptables internationales », préface à l'ouvrage de Christel Decock-Good et Franck Dosne, *Normes comptables internationales : les IAS/IFRS en pratique*, Economica, 2005)

Car ce dont il s'agit désormais, c'est de s'adresser aux investisseurs – fonds de pension plus que petit porteur plaçant ses économies. Il s'agit là d'un point fondamental, qui permet à la boucle d'être bouclée : la théorie et l'idéologie sont matérialisées, la comptabilité va désormais les fortifier.

Les principes en sont limpides : la primauté accordée au bilan, à la substance plutôt qu'à la forme (*substance over form*)[15] et à la juste valeur.

« Ce qui importe pour l'investisseur, du moins on peut le supposer sinon le prouver, c'est de connaître la valeur quasi instantanée de l'entreprise de façon à pouvoir évaluer le titre qu'il détient ; d'où l'intérêt nouveau du bilan mais pas du bilan patrimonial cher au droit comptable français (qui en la circonstance prend un coup de vieux), d'un bilan qui colle autant que possible à la réalité. À notre conception patrimoniale de la comptabilité et du bilan, certes obsolète eu égard aux besoins d'information des marchés financiers mais qui avait montré sa robustesse, va donc se substituer une conception plus économique et plus financière. » (Bernard Colasse, « De l'enseignement des normes comptables internationales », préface à l'ouvrage de Christel Decock-Good et Franck Dosne, *Normes comptables internationales : les IAS/IFRS en pratique*, Economica, 2005)

C'est donc toute une conception de l'économie qui est ici en jeu : la primauté accordée à l'investisseur, l'actionnaire, est révélatrice de cette mutation profonde.

Les normes comptables deviennent l'ancrage matériel, par conséquent incontestable, de l'idéologie du capitalisme financier, soutenue par la théorie économique dominante.

Au travers des normes comptables internationales, cette conception va percoler jusque dans les pratiques, les comportements, les réflexes de chacun. La normalisation comptable produit ainsi des changements importants, dont les effets ne sont pas seulement perceptibles à l'intérieur des entreprises.

Normes qualités

Mais la normalisation internationale comptable n'est que la partie émergée de l'iceberg – et pas la plus récente. L'ISO (International Standard Organisation), créée en 1979, a publié les normes qualité connues sous le nom d'ISO 9000 dès 1987. Il s'agit ici de standardiser la qualité des produits et services aux travers de procédures formelles, de certifications et d'audit[16]. On assiste alors à l'émergence d'une *soft law*[17] dictée par les intérêts privés sur des questions qui pourtant relèvent souvent du bien commun.
Ainsi, les normes ISO ou d'autres référentiels pullulent-ils désormais dans le domaine de la responsabilité sociétale de l'entreprise : parmi les plus connus – mais ce ne sont pas les seuls –, citons ISO 14000 pour l'environnement ou GRI (*Global Reporting Initiative*) pour une évaluation sociétale plus complète. Il s'agit, comme le dit Franck Cochoy de

> « trouver des règles dans un univers qui en manque, dans un contexte de mondialisation où chacun sait qu'aucun type d'instance ne peut, à elle seule, construire et mettre en œuvre ces règles qui font défaut à tous » dans le cadre de l'économie de marché, et donc de « réglementer par le bas une économie que personne ne parvient plus à réguler par le haut. » (Franck Cochoy, « La responsabilité sociale de l'entreprise comme "représentation" de l'économie et du droit », *Droit et société*, 2007, n° 65, pp. 91-101)

S'il y a managérialisation de la société par des dispositifs – ici ceux issus de la normalisation, tels la comptabilité, ou les référentiels de toutes sortes –, celle-ci n'est pas un phénomène spontané : la managérialisation de la société se déroule bien en fonction de la forme du capitalisme qui se met en place.
Cet aspect est aussi très visible dans les évolutions de la gestion publique.

Le new public management ou la subjugation de l'État et des services publics

Fascination du public pour l'efficacité gestionnaire du privé

« Dans quelques semaines, je vais mettre en place une batterie d'indicateurs simples pour démontrer que, en réduisant les déficits, on peut progresser. » (Thierry Breton, nouvellement nommé ministre de l'Économie et des Finances, discours à l'Assemblée nationale, 2 mars 2005)

Cette citation anodine dissimule une ambiguïté fondamentale : qui des indicateurs ou de la réduction du déficit est la source du progrès ?
Les méthodes de management sont toujours au service d'un projet, ici de politique économique – ce projet n'étant d'ailleurs pas toujours explicité. De plus, la fascination qu'elles exercent généralement sur les décideurs publics invite à s'interroger sur leurs applications nombreuses.
Vouloir montrer la centralité des méthodes de management dans la société est largement facilité par la séduction qu'exercent les dispositifs managériaux sur l'action publique[18]. Et même si notre propos n'est pas de faire ici une sociologie

politique des instruments de l'action publique, il est impossible d'éluder cette fascination du politique et de l'administratif pour l'efficacité gestionnaire de l'entreprise privée. À cet égard, le « Nouveau cadre budgétaire pour réformer l'État » est le programme phare de la LOLF (loi organique relative aux lois de finances). Il vise à transformer en profondeur la « culture » des administrations, les faisant passer d'une culture des moyens à une culture du résultat. Les modèles retenus sont ceux, bien connus des managers, de la direction par objectifs et du contrôle de gestion. La LOLF, plus qu'une loi, est une « nouvelle constitution financière ». Elle pénètre tous les rouages de la gestion publique, tandis que l'État n'est plus tenu d'assurer les « fonctions collectives » au nom des principes de liberté, de justice et de fraternité, mais de «remplir des missions» en fonction d'objectifs statistiques[19].

Le règne des indicateurs

Ainsi, le processus du « Nouveau cadre budgétaire pour réformer l'État » s'appuie sur cinq thèmes d'analyse : la structuration des programmes et des actions, la sélection d'objectifs de performances, mesurables par des indicateurs de résultats, la déclinaison des programmes dans la gestion interne des administrations, l'identification et l'analyse des coûts attachés aux programmes et aux actions, et enfin, la vérification de la possibilité d'auditer dans le futur des systèmes de mesure de la performance[20].

L'administration française se convertit ainsi aux mêmes méthodes de management que celles utilisées dans le secteur concurrentiel de l'économie : pilotage, évaluation des performances, tableaux de bord, indicateurs entrent ainsi autant comme vocabulaire que comme dispositifs nouveaux. Les indicateurs, qui sont d'ailleurs devenus le symbole de la réforme de l'État, concernent toutes sortes de domaines.

> « Pourcentage d'établissements publics respectant l'interdiction de fumer, évolution du nombre de cas d'encéphalopathie spongiforme bovine, part des étudiants de premier cycle sortis non diplômés de l'enseignement supérieur... Dominique Bussereau, alors ministre du Budget et aujourd'hui secrétaire d'État aux Transports, a présenté le 17 novembre les 1300 indicateurs qui serviront à partir de 2006 à évaluer les performances de l'administration française, et aux managers des politiques publiques de mieux les gérer. » (« L'indicateur chiffré, fétiche de la réforme de l'État », *Le Monde de l'Économie*, 7 décembre 2004)

Plus récemment, la « notation » des ministres a pris le relais[21]. Cette transformation de l'État a des antécédents étrangers (rarement invoqués, mais bien réels) : la réforme menée en Grande-Bretagne par les gouvernements Thatcher puis Blair. Sans préjuger de ses résultats ni d'un côté de la Manche, ni de l'autre, elle révèle la fascination, le « fétichisme » selon Le Galès[22], des acteurs publics confrontés à l'efficacité supposée de la gestion privée. Elle dévoile la puissance d'attraction des méthodes de management et leur pouvoir de normalisation de l'action collective, tous secteurs confondus.

Management ou planification à la soviétique ?

Cette attractivité conduit même à des excès de « débutant » quand on se met à fixer, au nom de la nation, des objectifs sans révéler (ou connaître ?) les modèles sous-jacents. En l'occurrence, c'est le modèle de la planification soviétique qui semble bien ressurgir ici[23].

Le projet de loi sur l'école fixe des objectifs chiffrés qui devront être atteints d'ici à 2010 : « La nation fixe au système éducatif l'objectif de garantir que 100 % des élèves aient acquis au terme de leur formation scolaire un diplôme ou une formation reconnue. Elle confirme l'objectif d'assurer que 80 % d'une classe d'âge accède au baccalauréat. Elle se fixe en outre de conduire 50 % de l'ensemble d'une classe d'âge à un diplôme de l'enseignement supérieur. »[24]

Il est ajouté que le nombre d'élèves apprenant l'allemand augmentera de 20 %, que celui des lycéens apprenant une langue ancienne augmentera de 10 %, que le nombre de bacheliers généraux parmi les enfants de familles appartenant aux catégories socioprofessionnelles défavorisées doit augmenter de 20 %, que le nombre de filles en filières scientifiques grimpera de 20 %, etc. Là où la planification soviétique (et française d'ailleurs) fixait des objectifs, pas toujours réalistes, en matière de production industrielle (charbon, acier, etc.), le gouvernement français fixe désormais des objectifs en matière de production éducative. Or ces objectifs sont pour le moins discutables.

En effet, que signifie un objectif d'augmentation des élèves germanophones de 20 % ? Va-t-on contraindre les élèves et leurs familles à choisir l'allemand plutôt que l'anglais ou l'espagnol ? Que cherche-t-on au travers de cet objectif ? À occuper des professeurs d'allemand en manque d'élèves ou à promouvoir une langue pour le bien de ces derniers ? D'autre part, on connaît, dans les entreprises, les comportements déviants provoqués par ce type d'objectif : atteindre un objectif de 80 % d'une classe d'âge accédant au baccalauréat n'est pas très difficile si l'on décide en jury d'attribuer des points aux candidats dont les notes sont insuffisantes. De même que, quand on exige d'un ingénieur que ses projets d'investissement dégagent une rentabilité de 15 %, aucun projet présenté à la direction ne se situe jamais en dessous.

Derrière cette transposition des méthodes de management de l'entreprise à l'administration et à l'action publique, apparaît en filigrane, selon la perspective de Sfez[25], une fiction ou un récit. Ce récit est largement fictionnel, ce qui ne l'empêche pas d'être excessivement réel. En effet, les méthodes de management dont il y est question existent bel et bien, porteuses, jusqu'en dans l'entreprise privée, de faits de gloire qui sont à la

fois largement mythiques (le dispositif doit produire tel effet) mais aussi ancrés dans la réalité (le dispositif est).
Ce phénomène de managérialisation de la société dans son ensemble rend ainsi indispensable un travail de fond sur les techniques pour déceler les ressorts de leur fonctionnement. L'histoire et la philosophie des techniques vont être ici les supports conceptuels de notre démarche.

La nécessité de penser ce nouveau système technique

Afin de bien évaluer les enjeux et conséquences liés à un usage immodéré des dispositifs de management, il est indispensable d'entrer dans le détail de la technique. Le management forme de véritables systèmes techniques, ce qui impose de le penser à l'aide de concepts issus de la philosophie ou de la sociologie des techniques[26].

Quand le management fait système

Le foisonnement des dispositifs

Répertorier les méthodes de management de manière exhaustive relève de la gageure. Un site Internet américain dédié à ce sujet recense quatre cents méthodes. Aussi nous nous contenterons ici de citer les quelques méthodes les plus en vue dans les entreprises (et autres organisations) actuellement.

Le politique, quand il observe l'économique, et en particulier ses techniques, se mue en lecteur d'un récit alimenté par les grands succès de l'entreprise, oubliant ses échecs et ses déboires.

Quelques méthodes de management actuelles

Nom	Définition sommaire
Activity based costing (ABC) Activity based management (ABM) Activity based budgeting (ABB)	Ensemble de méthodes destinées à identifier, valoriser et piloter des processus et activités dans l'entreprise. Considéré par ses promoteurs comme une innovation radicale en matière de comptabilité de gestion.
Balanced ScoreCard (BSC)	Tableau de bord prospectif et surtout très systématique, l'apprentissage organisationnel engendrant l'efficacité des processus engendrant la satisfaction des clients engendrant les résultats financiers et ainsi de suite.
Benchmarking/Best practices	Procédé d'étalonnage d'entités (entreprises, filiales, services, etc.) afin de comparer leurs pratiques et leurs performances respectives. En résultent des bonnes pratiques relayées vers l'ensemble de l'organisation.
Beyond budget model (BBM)	En réaction aux insuffisances du contrôle budgétaire pratiqué dans la grande majorité des entreprises (associer des objectifs à des moyens et résultats attendus et vérifier qu'ils sont atteints), le BBM propose de supprimer les budgets et de le remplacer par l'utilisation conjointe d'autres méthodes (ABM, BSC, KM, VBM, etc.).
Business process reengineering (BPR)	Mise à plat des structures organisationnelles pour les rendre plus performantes.
Knowledge management (KM)	Méthode destinée à gérer les connaissances dans les organisations.
Value based management (VBM)/ Economic value added (EVA), etc.	Ensemble de méthodes destinées à piloter et mesurer la création de valeur pour l'actionnaire.

On relève dans ce petit catalogue l'usage immodéré des acronymes et de l'anglais. D'apparence anecdotique, cette caractéristique se révèle lourde de conséquences. Les salariés les moins en prise avec ce nouveau vocabulaire craignent que l'on puisse en faire un instrument d'évaluation de leur performance, et certains syndicats commencent ainsi à se rebeller contre cette langue *corporate*[27]. Ce n'est pas seulement la francophonie qui est en jeu, mais bien tout ce qui est inséparable du langage, en particulier les façons de penser et d'agir. Au-delà de la langue, la culture de travail est ainsi mise en cause.

De véritables systèmes techniques

Parallèlement à ces méthodes bien identifiées, de véritables systèmes techniques se mettent en place. L'émergence de dispositifs de gestion n'est pas indépendante de l'environnement idéel, matériel, économique, social. L'histoire des techniques (dures) nous montre que les techniques se développent au sein d'un système.

> « En règle très générale, toutes les techniques sont, à des degrés divers, dépendantes les unes des autres, et il faut nécessairement entre elles une certaine cohérence : cet ensemble de cohérences (...) compose ce que l'on peut appeler un système technique. » (Bertrand Gille (dir.), *Histoire des techniques*, Gallimard, coll. « La Pléiade », 1978)

La notion de système technique ouvre ainsi l'idée d'une cohérence des techniques à un instant donné, mais elle permet aussi de penser les mutations d'un système vers un autre. Les dispositifs de gestion ne vivent pas indépendamment d'un système technique. Leur émergence et leur mise en œuvre dans les organisations dépendent de leur degré de cohérence avec les techniques économiques, mathématiques ou encore comptables, avec les techniques matérielles de traitement des

données, ou même avec les techniques de production. Ils dépendent donc d'un système technique qui leur est propre, mais aussi de systèmes techniques périphériques.
Les méthodes citées ci-dessus sont ainsi très étroitement associées aux notions de processus, de valeur pour l'actionnaire, de connaissance et d'apprentissage. Pour peu qu'on leur associe un système d'information, l'ensemble de la gestion de l'entreprise sera très largement automatisé, laissant peu de place à l'intervention humaine. Le schéma de la page 77 dévoile une partie du système technique en vigueur depuis les années 1990 dans les grandes entreprises.

Penser les techniques de management : quelques concepts utiles

> « Notre époque est celle de la technique pensée non seulement comme technologie, mais comme technographie. » (Jean-Pierre Séris, *La technique*, coll. « Philosopher », PUF, 2000, p. 4)

Le terme de technologie possède un double sens : « (1) ensemble de termes techniques propres à un domaine, à une science, à un métier ou (2) science des techniques, étude systématique des procédés, des méthodes, des instruments ou des outils propres à un ou plusieurs domaine(s) technique(s), art(s) ou métier(s) »[28]. La technographie relève quand à elle de la description des techniques et de leurs procédés. Selon Proudhon, il s'agit de distinguer les « procédés de main-d'œuvre ou d'exécution, c'est la technographie, ou technique » et les « lois générales de la production et de la distribution des richesses, c'est l'Économie politique »[29]. Si l'économie politique a su développer une pensée, les « procédés de main-d'œuvre ou d'exécution » sont restés à l'écart de toute réflexion.

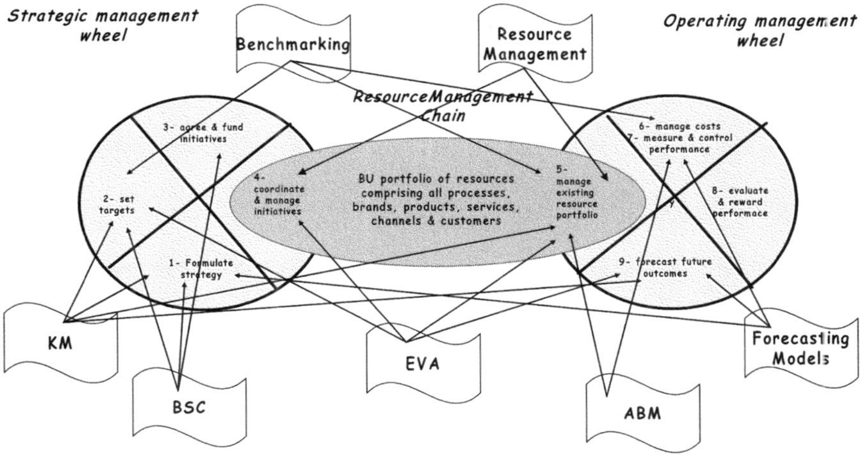

(Source : CAM-I)

The efficiency wheels

Nous avons volontairement conservé la forme originale du schéma, non pour que le lecteur cherche à en comprendre les moindres détails avec précision – si cela est seulement possible ! – mais pour qu'il appréhende du regard ce qu'est un système technique en management. Au travers de ces « roues de l'efficience », on voit bien comment les méthodes de management produisent de la valeur actionnariale. Ce schéma complexe montre comment les méthodes de management sont combinées pour former un système technique dont le but est d'enrichir l'actionnaire : chaque méthode agit sur une des roues de l'efficience, stratégique ou opérationnelle, les deux étant liées par une chaîne des ressources. Ce système technique est ensuite matérialisé dans les systèmes d'information et intériorisé par les programmes de formation. Cela pose la question du positionnement des dispositifs de management dans un ensemble plus vaste. À cet égard, les concepts de technique, de technologie ou encore de technographie vont être opérants.

> «Technologie, dans cette optique, c'est le nom de la technique dont nous nous sentons dépossédés. Elle se fait hors de nous, sans nous (...) une technique qui a perdu son *logos* (...) devenu incommunicable et étranger aux sujets techniques.» (Jean-Pierre Séris, *La technique*, coll. «Philosopher», PUF, 2000, p. 4)

Nous devons nous réapproprier ces technologies molles que sont les dispositifs de management, et ce d'autant plus qu'ils constituent le soubassement de l'économie politique[30].

On le voit, les définitions sont souvent confuses, leurs contours sont flous et elles révèlent généralement la crainte d'une dépossession de l'homme sur son environnement. Technique, technologie, technographie... nous n'essaierons pas ici de trancher entre les différentes acceptions et les appréhensions qu'elles suscitent[31]. Ce qui est important, c'est de classer les méthodes de management dans ces catégories dont on sait qu'elles agissent sur le monde. Quand Proudhon distingue l'économie politique et la technographie, il nous invite aussi à chercher les liens entre les lois qui régissent la production et la répartition des richesses et les techniques en usage. Techniques qui sont matérielles quand il s'agit du capital et de sa composition qualitative, mais qui sont intellectuelles quand il s'agit des méthodes de management. Il y a ainsi une combinaison de techniques, combinaison dans laquelle les dispositifs de management jouent le rôle d'artefacts cognitifs, c'est-à-dire qu'ils façonnent les modèles de pensée des acteurs.

Faire entrer les techniques de management dans la critique de la technique

Ce lien avec l'économie politique rend d'autant plus nécessaire de «travailler le concept de technologie de l'intérieur, après l'avoir posé de manière problématique et non extrait d'un catalogue empirique ou polémique »[31]. C'est-à-dire qu'il faut échapper à la fascination comme à la peur de la technologie pour la comprendre à la fois dans son essence, mais aussi dans son environnement. La technique est en effet trop souvent considérée dans une perspective fonctionnelle alors qu'elle porte des enjeux sociaux et politiques forts. On voit bien, par exemple, comment des innovations techniques comme les ordinateurs portables en permanence connectés ou les téléphones mobiles, au-delà des fonctions nouvelles et vite indispensables qu'ils nous procurent, engagent des questions de vie privée toujours plus complexes. Ceci est d'autant plus vrai que, outre un système technique et productif puissant et une managérialisation de la société par la transformation du « bas » sans (re)penser le « haut » – voir *supra* –, la nature même de la technologie, faite de liens, de relations, d'attachements, de réseaux, explique son efficacité.

Allant plus loin, Nicolas Dodier propose une « théorie générale de la solidarité technique » et se pose la question des conditions permettant que « le fonctionnement des techniques reste compatible avec les exigences d'une vie en société »[33]. S'inspirant de Simondon[34], il « suggère d'appeler *solidarité technique* cette forme de liens entre les êtres créés par le fonctionnement des ensembles techniques »[35].

L'« étrangeté anthropologique »[36] des objets techniques a pour conséquence de modifier nos relations à notre environnement. Les objets techniques modifient radicalement notre situation d'humain face à une Nature de plus en plus distante et intermédiée.

Les dispositifs de gestion relèvent d’un monde d’experts dont la légitimité n’est pas toujours apparente.

Les dispositifs de gestion nous font franchir à cet égard un nouveau pas : ils s'ajoutent à des processus déjà complexes de transformation de la Nature, tels que la production de biens ou de services. Ces évolutions imposent de soulever la question du politique, car c'est bien de légitimité dont il s'agit. La réponse est alors de proposer une critique de la technique et, dans notre cas, de la technique managériale. Car, comme le signale Beaune[37], « la technologie souhaitée doit s'armer d'arguments critiques pour ne point devenir totalitaire » ce qui exige « une prise de position politique »[38]. Ceci est d'autant plus indispensable que les dispositifs de management ont des conséquences économiques, sociales et politiques de grande ampleur.

Notes

1. www.alain-lambert.org/documents/ClubdesamisdelaLOLF.pdf

2. «Ce n'est pas un livre sur la technologie américaine, mais sur la société américaine.» David Noble, *Forces of production*, Oxford University Press, 1986, p. ix.

3. Dernier avatar de cette invasion, les notations de toutes sortes : des ministres, des enseignants, des médecins ou des garagistes qui ont fait couler beaucoup d'encre.

4. Pierre Legendre, *Dominium Mundi. L'empire du management*, Éditions Mille et une nuits, p.17.

5. Bertrand Gille (dir.), *Histoire des techniques*, Gallimard, coll. "La Pléiade", 1978.Cette notion a aussi été développée par Thomas Hughes, mais son intérêt pour les « constructeurs de systèmes » nous semble moins pertinent que la notion développée par Bertrand Gille autour d'une cohérence (certes un peu mystérieuse) à un instant donné.

6. ETC Group, op.cit.

7. « Voyez qui parle, voyez qui fait breveter, voyez qui paye, voyez ce qui arrive (déjà). »

8. www.hec.fr

9. Michel Fiol, Hugues Jordan, Emili Sulla, *Renforcer la cohérence d'une équipe. La démarche OVAR*, Dunod, 2004, p. 210.

10. www. cam-i.org

11. Mais le marché est mondial. Le premier éditeur mondial, Pearson, est ainsi très actif sur ce segment et pas seulement dans le monde anglo-saxon.

12. Voir en particulier : Michel Callon, *The laws of the markets*, Oxford, Blackwell, 1998.

13. Voir par exemple Laurent Batsch, *Le capitalisme financier*, La Découverte, coll. « Repères », 2002 ou Jean Peyrelevade, *Le capitalisme total,* Le Seuil, coll. « La République des idées », 2005. Cette conception, qui s'est imposée sans réel débat démocratique, montre actuellement ses faiblesses (subprimes et autres).

14. Bernard Colasse, « De l'enseignement des normes comptables internationales », préface à l'ouvrage de Christel Decock-Good et Franck Dosne, *Normes comptables internationales : les IAS/IFRS en pratique*, Economica, 2005.

15. « Faire prévaloir le fond sur la forme, cela veut dire discerner sous le voile du droit la réalité économique des opérations des entreprises, cela veut par exemple dire discerner un contrôle de fait en l'absence d'un contrôle de droit. L'application de ce principe exigera donc beaucoup de sagacité et de jugement de la part des praticiens. », ibid.

16. Voir à ce sujet Yvon Pesqueux, *Qualité et management. Une analyse critique*, Economica, 2008.

17. La soft law repose sur des règles « qui n'ont en principe pas de caractère juridiquement obligatoire mais qui pourtant peuvent avoir un effet pratique. » F. Snyder, «Soft Law and institutional Practices in the European Community », dans S. Martin (Ed.), *The construction of Europe, Essays in Honour of Emile Noel*, Kluwer, Deventer, 1994, p. 198.

18. Voir pour cela, l'ouvrage de Pierre Lascoumes et Patrick Le Galès (dir.), *Gouverner par les instruments*, Les Presses de Sciences Po, 2005.

19. Albert Ogien, Sandra Laugier, *Pourquoi désobéir en démocratie ?*, La Découverte, 2010.

20. www.minefi.gouv.fr/lolf/

21. Voir Maya Bacache-Beauvallet et Anne Pezet, Samuel Sponem, « Les indicateurs de performance en question », www.laviedesidees.fr/Les-indicateurs-de-performance-en-question.

22. Pierre Lascoumes et Patrick Le Galès, op.cit.

23. Stéphanie Chatelain, Caroline Lambert, Samuel Sponem, « L'État doit découvrir la culture du résultat », dans Anne Pezet, Samuel Sponem (dir.), *Le petit bréviaire des idées reçues en management*, La Découverte, 2008.

24. « Projet de loi d'orientation pour l'avenir de l'école », *Le Monde*, 27 novembre 2004.

25. Lucien Sfez, *Technique et idéologie : un enjeu de pouvoir*, Le Seuil, 2002.

25. Selon l'expression de Jean-Claude Beaune, *La technologie introuvable*, 1980, Vrin.

27. *Le Monde*, 10 février 2007.

28. www.cnrtl.fr/lexicographie/

29. Joseph Proudhon, *De la Création de l'ordre dans l'humanité*, 1843, p. 351.

30. Il existe là un champ extraordinaire à réinvestir par le biais des techniques au moment où la recherche en économie a déserté l'économie politique en devenant essentiellement mathématique.

31. Jean-Claude Beaune, op. cit.

32. Jean-Claude Beaune, op. cit.

33. Nicolas Dodier, *Les hommes et les machines. La conscience collective dans les sociétés technicisées*, Métailié, 1995, pp.5-6.

34. George Simondon, *Du mode d'existence des objets techniques*, Aubier, 1989 [1re édition 1958].

35. Nicolas Dodier, op. cit., p. 14.

36. Ibid.., p. 35.

37. Ibid., p. 12.

38. Jean-Claude Beaune, op. cit., pp. 250-1.

3.
LES GRANDS EFFETS DE L'INFINIMENT PETIT

- L'étudiante : « La principale mission de mon stage a été de participer au calcul des coûts d'exploitation d'une filiale. Il est apparu que ceux-ci étaient trop élevés. Il a donc été décidé de fermer la filiale.
- Un membre du jury : Est-ce que cela a donné lieu à des licenciements ?
- L'étudiante : Oui, il y a eu un plan social.
- Un membre du jury : Et vous étiez certaine de la fiabilité des coûts calculés ?
- L'étudiante : Non. »

Colonisant des pans entiers de la société, articulant les grands idéaux sociaux et les pratiques individuelles, les méthodes de management ont un fort contenu politique. Les grands effets qu'elles produisent sur l'économie et la société nous imposent de penser des formes nouvelles de contrôle démocratique.

Effets macro-économiques

Les méthodes de management présentent deux caractéristiques liées. Tout d'abord, et c'est ce que nous venons de voir, elles se répandent dans de nombreuses entreprises et organisations et deviennent des standards, soit par obligation (la comptabilité par exemple), soit par des canaux de diffusion divers (consultants, enseignement)[1]. Par conséquent, et c'est leur seconde caractéristique, elles supportent matériellement une infinité de micro-décisions. Chacune d'entre elles n'a en principe d'influence que sur le territoire de l'entreprise ou de l'organisation considérée – qui peut déjà être très étendu. Mais, mises bout à bout, elles produisent des conséquences qui dépassent de loin la sphère privée. Deux exemples, sur les choix d'investissement et sur le calcul des coûts, vont illustrer la relation qui existe entre des techniques de gestion très répandues dans les entreprises et leurs conséquences d'ordre macroéconomique.

VAN, investissement et innovation

La décision d'investir : des méthodes universelles pour des choix uniques

Les critères financiers du choix d'investissement font partie des méthodes de management les plus couramment utilisées dans les entreprises. « Paradigme moderne du choix d'investissement » selon la formule de Hayes, Wheelwright et Clark[2], il s'agit en réalité d'un kit regroupant généralement la valeur actuelle nette (VAN), le taux interne de rentabilité (TIR) et le délai de récupération (payback). Ce kit repose sur un procédé ancien, l'actualisation. En voici les principales notions :
Le procédé de l'actualisation est le moyen par lequel on déprécie la valeur d'un agrégat monétaire en fonction du temps. La valeur actuelle nette est la somme actualisée des cash flows annuels produits par l'investissement, somme à laquelle on retranche le montant de l'investissement initial.

$$VAN = \sum [CF / (1+i)^n] - I$$

avec :
CF = cash flows (c'est-à-dire les gains nets produits par le projet
= recettes nouvelles +/- variations de charges)
i = taux d'actualisation
n = durée de vie de l'investissement
I = montant de l'investissement initial
Le taux interne de rentabilité est le taux pour lequel la VAN est nulle. Le délai de récupération est la période de temps comprise entre le moment où l'on fait la dépense en capital et le moment où le cumul des cash flows viendra la couvrir. Ces cash flows peuvent être actualisés ou non.

Les entreprises ont commencé à utiliser très largement ce kit à partir des années 1960[3]. Les enquêtes statistiques réalisées dans différents pays montrent que ce kit (ou au moins un de ses instruments) est aujourd'hui largement répandu. Les chiffres varient, selon les enquêtes, entre 75 à 90 % d'entreprises utilisatrices, aussi bien en Europe qu'aux États-Unis. Seuls les pays asiatiques et l'Allemagne se distinguent par une utilisation plus modérée des méthodes financières – sans que les managers de ces pays les ignorent cependant.

Taux d'utilisation du kit financier du choix d'investissement par pays[4]

Pays concernés	Taux d'utilisation*
États-Unis (2000 & 2003)	TIR = 76% à 88 % VAN = 75% à 82 % Payback = 57% à 63 %
Europe (2000)	TIR = 85% VAN = 76% Payback = 76%
France (2001)	TIR = 68% Payback = 59% VAN = 36%
Grande-Bretagne (1992)	Payback = 94% TIR = 81% VAN = 74%

NB : les études disponibles portant sur ces pays sont généralement qualitatives, c'est pourquoi elles n'apparaissent pas dans le tableau.

* Nous avons indiqué des fourchettes quand plusieurs études sont disponibles.

La prévalence du kit VAN/TIR/payback signifie que chaque année des millions de décisions d'investissement sont prises sur la base de ces critères. Inévitablement, ces microdécisions mises bout à bout produisent donc de grands effets. Tout d'abord parce que les méthodes utilisées présentent des biais de fonctionnement importants, en particulier la fixation du taux d'actualisation comme nous le verrons plus bas, par rapport à ce que préconise la théorie financière, et que les résultats attendus ne sont par conséquent pas toujours atteints. Ensuite, parce que l'addition de toutes ces décisions d'investissement d'entreprises détermine le niveau, quantitativement et qualitativement, de l'investissement des nations et pèse ainsi sur la croissance et l'innovation.

La théorie ou « l'économie du nirvana »

La théorie financière, issue de l'économie standard, préconise l'utilisation de la VAN et du TIR. Cette même théorie précise que, hors contrainte financière, tous les projets dont la VAN est supérieure ou égale à zéro doivent être réalisés ; elle stipule également que, sous certaines hypothèses (efficience des marchés, complétude des contrats), le décideur est en mesure de prévoir ou de probabiliser les composantes de la formule. Nous ne nous attarderons pas ici sur la teneur des hypothèses. Une citation de Gérard Charreaux suffira à en dévoiler les ressorts principaux...

> « Schématiquement, le dirigeant, agent parfait des actionnaires, choisit les investissements parmi un ensemble donné dont il connaît parfaitement les distributions de probabilités des flux d'exploitation. Cette connaissance parfaite et commune aux différents acteurs,

associée à une rationalité substantielle et à l'existence supposée de marchés parfaitement efficients et de contrats complets, entraîne l'absence de conflits d'intérêts. Le cadre temporel est aussi fixé ; si les flux (ou leurs distributions) sont parfaitement connus, l'horizon temporel est également supposé donné et la maximisation de la valeur de la firme se fait par actualisation des flux sur cet horizon prédéterminé. Le comportement du dirigeant exclut toute latitude discrétionnaire et les seuls créanciers résiduels dans ce processus sont les actionnaires. Tous les autres acteurs sont supposés être rémunérés à leur rémunération d'équilibre, sans participer au partage de la rente ; le plus souvent, seuls les créanciers financiers (les obligataires) sont considérés explicitement, leurs créances étant habituellement supposées sans risque. » (Gérard Charreaux (dir.), *Images de l'investissement*, Vuibert, 2001, p. 23)

Cela fleure bon « l'économie du nirvana », selon le mot de Demsetz[5], c'est-à-dire une économie idéale… mais irréelle ! Et ce qui nous intéresse ici relève justement du réel, des pratiques. Le démontage technique de l'instrument va montrer comment cette formule simple qu'est une VAN produit des effets micro et macroéconomiques puissants.

Les usages plus forts que la théorie

En reprenant chacun des termes de la VAN ($\sum [CF/(1+i)^n] - I$), on voit que les deux termes qui paraissent les plus évidents, la somme des cash flows (CF) et le montant de l'investissement initial (I), sont en réalité des constructions complexes qui comportent une part d'incertitude non négligeable. Celle-ci provient d'une double série de causes, d'ordre économique et d'ordre politique.

Les causes économiques sont liées aux prévisions dans lesquelles les hypothèses sur le futur sont nombreuses. Par exemple, la prévision des volumes vendus, des prix de vente ou des coûts de production contenus dans les cash flow n'est généralement pas aisée, en particulier quand l'investissement est innovateur (nouveaux marchés, nouveaux produits). De même, le calcul du montant de l'investissement initial est souvent incertain du fait des nouvelles technologies ou des nouvelles compétences qui vont être nécessaires[6]. La théorie répond à ce type d'incertitudes par la probabilisation. Cela reste plus théorique que pratique.

Les causes politiques de l'incertitude sont moins connues et plus difficiles encore à maîtriser. Elles découlent de négociations généralement ardues entre les porteurs du projet et les autres protagonistes de la décision (direction générale, directions financière, commerciale, technique, juridique, etc.). La somme des cash flows et le montant de l'investissement initial sont donc le fruit d'un compromis entre des intérêts individuels et collectifs souvent divergents. À titre d'exemple typique, les ingénieurs et techniciens, considérés comme d'incorrigibles dépensiers en matière d'investissement, s'opposent souvent aux financiers, tenant les cordons de la bourse.

Les deux termes de la VAN les plus « actifs » sont en fait les moins visibles. En minuscule dans la formule, la durée de vie de l'investissement (n) et le taux d'actualisation (i) apparaissent comme des données purement techniques et quasiment exogènes. Or, il n'en est rien. La durée de vie de l'investissement est largement conventionnelle et ne correspond que rarement à la durée de vie réelle du projet. Nous insisterons ici sur le taux d'actualisation, qui est théoriquement défini comme le coût moyen pondéré du capital de l'entreprise. Le coût du capital est en effet le taux de rentabilité minimum que doivent dégager les investissements de l'entreprise pour répondre aux exigences des actionnaires et des créanciers. Il est généralement calculé comme la moyenne pondérée du coût des capitaux propres et du coût de l'endettement net :

$$k = \frac{V_{CP}}{V_{CP} + V_D} \times k_{CP} + \frac{V_D}{V_{CP} + V_D} \times (1 - IS) \times k_D$$

avec
V_{CP} = valeur des capitaux propres
V_D = valeur de la dette
k_{CP} = taux de rentabilité exigé par les actionnaires
IS = taux d'imposition
k_D = taux d'intérêt
Si les grandes entreprises calculent aujourd'hui – et ce depuis la vogue de la création de valeur actionnariale – leur coût moyen pondéré du capital selon cette formule, le choix du taux d'actualisation peut être différent. Les entreprises sursélectionnent par exemple les investissements en fixant un taux d'actualisation correspondant aux attentes des marchés financiers (le fameux 15 %). Ce taux barrière, s'il répond aux exigences des investisseurs, a pour conséquence de limiter l'investissement. Cette limitation est bien sûr quantitative, mais aussi qualitative. En effet, les projets d'investissements les plus innovants, et donc les plus incertains, n'atteindront pas la rentabilité espérée. Cet effet est connu et a fait l'objet d'enquêtes approfondies. Confronté aux importations japonaises et allemandes au début des années 1990, le Council of Competitiveness américain a chargé la Harvard Business School de comprendre le « retard » américain en matière d'investissement. Il ressort de l'enquête menée que l'utilisation des critères de choix financiers provoque le

sous-investissement et favorise les projets dont les résultats sont mesurables. En d'autres termes, ils n'encouragent pas les projets immatériels. De minuscules formules mathématiques ont de grands effets sur la compétitivité d'un pays…

Unités d'œuvre, budget et emploi

Une seconde illustration des effets macroéconomiques des méthodes de management provient des techniques de calcul du coût des produits ou services et, en particulier des conventions adoptées dans ce calcul. Combinées avec les dispositifs budgétaires, ces méthodes produisent des effets sur les décisions concernant l'emploi dans nombre d'entreprises.

Du calcul des coûts au « cost killing »

Le calcul des coûts est apparu dans l'industrie avec la Révolution industrielle puis s'est développé selon diverses méthodes jusqu'à nos jours. C'est une activité de gestion bien enracinée dans la plupart des entreprises. Le calcul des coûts est en effet le fondement des politiques de réduction – ou de maîtrise – des coûts qui caractérisent aujourd'hui la stratégie de nombreuses entreprises.
Une nouvelle profession est ainsi apparue dans les années 1990, celle de « cost killer ». La réduction des coûts est devenue si importante que des cost killers sont à présent nommés à la tête des entreprises : Wolfgang Bernhard chez Volkswagen[7] ou Luc Vandevelde chez Carrefour[8]. La baisse des coûts devient ainsi l'emblème de l'efficacité. La plupart des groupes mettent en place des plans : Power 08 (prononcer « eight ») chez EADS, Top chez France Télécom, etc.

Symbole de l'efficacité, la baisse des coûts est lourdement ressentie par les salariés, comme en témoigne Jean-Pierre Levaray.

> «Tous les jours pareils. J'arrive au boulot et ça me tombe dessus, comme une vague de désespoir, comme un suicide, comme une petite mort, comme la brûlure de la balle sur la tempe. Un travail trop connu, une salle de contrôle écrasée sous les néons – et des collègues que, certains jours, on n'a pas envie de retrouver (...) On en arrive même à souhaiter que la boîte ferme. Oui, qu'elle délocalise, qu'elle restructure, qu'elle augmente sa productivité, qu'elle baisse ses coûts fixes». Ou quand la direction reçoit les syndicats : «Là, c'est fort : quand, malgré le vernis qui les recouvre, nos patrons doivent écouter leurs salariés. Ceux qu'ils ne veulent pas connaître ; ceux qui ne représentent à leurs yeux qu'une masse salariale, un coût fixe qu'il faut réduire (...).» (Jean-Pierre Levaray, *Putain d'usine*, L'Insomniaque, 2008, pp. 9-10 et p. 23)

Mais qu'importe, la compétition économique le justifie.

La variété apparente des méthodes

Mais, ce qui apparaît ainsi dans l'actualité économique comme la recherche d'une plus grande efficacité – au prix d'un coût social certain – masque les méthodes qui sont utilisées quotidiennement dans les entreprises pour calculer les coûts. Il existe trois grandes méthodes de calcul des coûts : le coût complet, le direct costing et l'imputation rationnelle[9]. Le coût complet intègre au coût des produits ou services de l'entreprise la totalité des coûts engagés, fixes ou variables[10]. Le direct costing ne considère que les seuls coûts variables, les coûts fixes n'étant pas imputés aux produits ou services mais en bloc au résultat. Enfin, le coût en imputation rationnelle impute aux produits ou services les coûts variables et la part des coûts fixes liée à l'activité réelle et non théorique de l'entreprise. Les

entreprises françaises pratiquent traditionnellement le coût complet ou l'imputation rationnelle.
Ce qui nous intéresse ici ne réside pas dans le choix de la méthode elle-même mais dans le mode de calcul sous-jacent, quelle que soit la méthode retenue. Outre la distinction coûts fixes/coûts variables, une autre catégorisation existe: coûts directs/coûts indirects. Les coûts directs sont des coûts que l'on peut directement attribuer à un produit ou service. Les coûts indirects sont quant à eux communs à plusieurs produits ou services. Or, ce qui est vraiment problématique dans le calcul des coûts, quelle que soit la méthode, c'est bien la répartition des coûts indirects entre les produits ou services. Cette répartition doit en réalité suivre la «loi économique» qui relie le coût et son objet[11]. Le calcul des coûts s'appuie ici sur une véritable nanotechnologie, invisible mais extrêmement active: l'unité d'œuvre.

Le piège des clés de répartition

Une unité d'œuvre est l'instrument qui va permettre de répartir des coûts indirects entre les différents biens ou services qu'ils contribuent à produire. Si une fraiseuse est utilisée pour fabriquer différentes pièces, son coût (celui du capital immobilisé) peut être réparti en fonction des heures de marche nécessaires à la machine pour produire chacune d'elle.
Certaines unités d'œuvre sont techniquement ou économiquement faciles à déterminer, mais la loi économique reliant le coût à son objet n'est pas toujours facile à découvrir. Si le lien entre la production d'une pièce métallique et le coût de la fraiseuse est facile à établir, celui qui rattache les coûts du siège social de la multinationale propriétaire de l'usine productrice

à cette pièce l'est beaucoup moins. Les comptables de gestion ont dans ce cas souvent choisi des unités d'œuvre conventionnelles. La plus répandue est l'heure de main-d'œuvre.
Dès lors que l'on pratique le coût complet ou l'imputation rationnelle, la masse des coûts fixes indirects peut être importante : bâtiments et coûts associés (assurances, impôts, gardiennage, énergie, etc.), personnel d'encadrement et de direction, services fonctionnels, etc. Les coûts indirects représentent des sommes considérables. Une étude de la Cégos montre qu'en 2004, les frais généraux représentent presque 17 % du chiffre d'affaires des entreprises. Ces coûts étant souvent répartis en fonction de l'heure de main-d'œuvre, plus un produit ou service consomme de main-d'œuvre, plus sa quote-part de coûts indirects est élevée. Ce qui apparaît, au plan microscopique, comme une simple commodité technique est porteur de conséquences lourdes au plan macroscopique :la main-d'œuvre surenchérissant le coût des produits ou services, on est tenté de la réduire pour diminuer ce coût.

Quand les coûts rencontrent les budgets

Cet effet mécanique est renforcé par le cycle annuel de la décision financière dans l'entreprise. En fin d'année, lors de l'élaboration du budget, puis en juin, lors de sa principale actualisation, les managers opérationnels réalisent les ajustements nécessaires (ou ressentis comme nécessaires). C'est bien la procédure budgétaire qui règle le temps de la prévision à court terme de l'entreprise, d'un point de vue financier. C'est dire que les plans sociaux seraient décidés en fonction de considérations financières de court terme et non selon des critères stratégiques de long terme concernant, comme l'affiche la théorie, le management des ressources et des compétences de l'entreprise. Le rituel budgétaire et la corrélation entre les dates clés des procédures budgétaires et les plans sociaux sont bien décrits par Chevalier et Dure[12] : la consigne étant de comprimer les coûts, et la seule véritable variable d'ajustement étant généralement l'emploi, le budget intègre donc une baisse des effectifs, souvent due à un saupoudrage quelque peu illusoire. Le dispositif de gestion – ici les budgets – fonctionnerait donc de manière quasi autonome, impliquant la réduction des coûts et par conséquent des effectifs.

> « De même que l'automatisation croissante des processus de production semble inexorable, le caractère automatique des procédures de gestion semble intangible ». Or, « utilisés pour synthétiser l'état des effectifs, les chiffres masquent la complexité de la situation, et les difficultés pouvant découler de telle ou telle décision. La décision étant elle-même résumée en chiffres, la rigueur dont ils sont le symbole masque tous les doutes. (…) Les chiffres amplifient ainsi la volonté de leur auteur. » (Philippe Chevalier et D. Dure, « Pourquoi licencie-t-on ? Quelques effets pervers des mécanismes de gestion », *Annales des Mines, Gérer et Comprendre*, septembre 1994, pp. 4 et 9)

Deux conclusions importantes découlent de cette enquête. La première est que, données statistiques nationales à l'appui, les auteurs montrent la récurrence du phénomène dans les entreprises françaises (la France est même – en 1993 – « *le plus licencieur des pays riches* »). Il existe donc bien une tendance à la normalisation des comportements par l'usage d'un même dispositif de gestion. La seconde conclusion est que le dispositif lui-même acquiert, par son essence même – ici la faculté de chiffrer – une force décuplée par rapport à ses présupposés théoriques (classiquement, le budget est décrit comme un instrument de prévision, de coordination, d'évaluation et même

de motivation !). Le budget devient LA décision, la seule bonne possible et incontestable.
Une nuance semble cependant nécessaire. Le dispositif de gestion est toujours au service de ses utilisateurs. Entre les mains des managers, il devient d'abord un outil de traduction des objectifs – explicites ou non – des uns et des autres. Et c'est ainsi que le budget, dans les années 1990, se met au service des idéaux et discours du moment : la réduction des coûts et, en particulier, la réduction du coût de la main-d'œuvre. Il s'en fait le bras armé, le prétexte financier, l'argument d'autorité appuyé sur une rhétorique de l'infaillibilité du chiffre.
Le mode de calcul des coûts, doublé de la procédure budgétaire, a donc des répercussions fortes en matière d'emploi, mais ce dispositif de gestion n'acquiert sa force que s'il s'appuie sur une triple constellation idéelle, sociale et matérielle c'est-à-dire une combinaison de théories, de jeux sociaux et de techniques de calcul. Sa technicité ne lui procure aucune puissance particulière : cette dernière découle de ce qu'il permet de justifier les discours du moment. Elle découle également des jeux sociaux internes ou externes à l'entreprise : quels sont les rapports de forces entre les différentes fonctions de l'entreprise (finance, marketing, production, gestion des ressources humaines, achats, etc.) ? Quel est le poids des syndicats, des élus locaux, etc. ? Quand il s'agit de licencier, ces jeux sociaux ont incontestablement une influence sur la manière dont on va utiliser les dispositifs. Le budget n'agit pas de manière autonome, il est au cœur d'une constellation complexe où les discours et les jeux d'acteurs prennent leur place également.

Le dispositif de gestion n’acquiert jamais une autonomie de fonctionnement telle qu’il imposerait sa loi à l’entreprise. Il se met au service des idéaux et des discours du moment.

Effets macro-sociaux et politiques

Les dispositifs de gestion produisent également des effets sur la société et les individus. Deux exemples vont illustrer les mécanismes et la portée de ces effets au travers des études de marché, dispositif maître du marketing, et des instrumentations de la responsabilité sociétale de l'entreprise, nouvelle antienne du management.

Les études de marché

Études de marché et rapports sociaux de sexe

Le marketing fait partie des activités les plus décriées du management de l'entreprise[13]. On s'intéresse d'ailleurs aujourd'hui aux effets du marketing sur l'obésité des enfants ou, plus généralement, sur la surconsommation génératrice d'excès[14]. Au cœur des pratiques du marketing se trouve un dispositif ancien et largement utilisé : les études de marché.

Les études de marché sont des méthodes de management qui permettent, à l'aide d'une collecte de données, de type quantitatif ou qualitatif, de répondre à une interrogation ou à un problème marketing : comment augmenter les ventes de tel produit ? Quelle forme de distribution sera la plus efficace ? Ces techniques en apparence anodines produisent de grands effets sur la société et les individus. L'historien allemand Christoph Conrad[15] a analysé les effets des études de marché sur les consommateurs et, en particulier sur la construction des genres. Conrad étudie deux séries d'enquêtes réalisées en Allemagne par les analystes du marché et parfois relayées par les universitaires. Les deux séries d'enquêtes ont des conséquences sur les rapports sociaux de sexe : les enquêtes liées à la distribution de pastilles de vitamine C aux mineurs sous le Troisième Reich touchent à la masculinité et celles réalisées entre les années 1930 et 1950, destinées à identifier les différences hommes/femmes en matière de consommation modifient la représentation que se font les femmes d'elles-mêmes.

> « À mesure qu'ils [les analystes marketing] transportent ces interprétations pour en faire des savoirs appliqués et des conseils, qu'ils les transforment en décisions instrumentales, sur les stratégies marketing, la fixation des prix, l'emballage, le choix des canaux de distribution – bref, en marketing –, ils redirigent des images sur le consommateur. » (Christoph Conrad, « Observer les consommateurs. Études de marché et histoire de la consommation en Allemagne, des années 1930 aux années 1960 », *Le Mouvement Social*, n°206, 2004, p. 24)

En d'autres termes, « la production d'un savoir sur les consommateurs contribue à former un type social : le consommateur-citoyen sexué »[16].

> « Il faut souligner les effets de la diffusion sélective des résultats des sondages. Il se réalise surtout par l'alimentation régulière en sondages d'opinion des médias, des agences de publicité et des designers de produits. Les représentations des rapports sociaux de sexe dans la société de consommation ont ainsi une double dimension : elles créent et aussi reflètent des attitudes qui sont répandues dans la population et exprimées par elles. » (Christoph Conrad, ibid., p. 37)

Une des caractéristiques de ces enquêtes de marché, généralement financées par des industriels, est qu'elles ont pour objectif premier le profit. De ce fait, elles laissent de côté les préjugés usuels et font preuve d'un pragmatisme innovant.

> « Par rapport à bien d'autres secteurs des sciences sociales contemporaines, les recherches en marketing donnent une représentation des hommes et des femmes qui paraît plus réaliste et plus ouverte, même si, comme nous l'avons vu, les stéréotypes sur les rapports sociaux de sexe sont particulièrement nombreux. Cette impression d'un plus grand degré de réalisme est en partie due au fait que les spécialistes des études de marché n'ont pas eu le parti pris de scepticisme envers la modernité et de critique de la culture que la plupart des sociologues ont manifesté dans les années 1930 comme dans les années 1950. » (Christoph Conrad, ibid., p. 37)

Le marketing serait plus objectif que la sociologie. Diantre !

Catégorisation et transformation des populations

De fait, les études de marché, en étudiant les comportements, catégorisent, typologisent. Elles renvoient ainsi des images de soi, des représentations de rapports sociaux à l'ensemble de la population. Des instituts publics, tel le Crédoc, ou privés (Secodip, TNS Sofres, etc.) classent les individus sur des sujets aussi divers que l'ouverture des magasins le dimanche, les projets de vacances, la religion, les pharmaciens, les musées, etc. Les effets des méthodes du marketing vont bien au-delà des manipulations généralement dénoncées. Les études de marché catégorisent les populations et les transforment en renvoyant des images plus ou moins valorisantes. Elles transforment ainsi la société et les individus en leur donnant des images d'eux-mêmes, de manière souvent attrayante au travers d'une terminologie « choc », au moyen desquelles ils peuvent s'identifier et donc – et surtout ? – se transformer. Car c'est en fait bien de cela qu'il s'agit : de modifier en profondeur, à l'aide de méthodes de management invisibles, les comportements des individus et par conséquent la société.

Les six « chronogroupes » de consommateurs (TNS Secodip - janvier 2005)	
Chrono victimes	24 %
Chrono épicuriens	19 %
Chrono logis	19 %
Chrono zens	15 %
Chrono actifs	15 %
Chrono zurbains	8 %

À titre d'illustration, Secodip a classé la population française en fonction du rapport au temps. Les plus stressés, les « chrono victimes », n'ont pas les mêmes types de consommation que les « chrono zens » plus détendus. Mais au-delà de l'implication marketing et commerciale, chacun peut s'identifier à une catégorie, voire ambitionner de faire partie d'un type plus valorisant que les autres – il est tout de même plus gratifiant d'être zen ou actif que victime.

La responsabilité sociétale de l'entreprise (RSE) en est un autre exemple éclairant – et fort à la mode.

La responsabilité sociétale de l'entreprise et la transformation du rapport au politique

La RSE, contrairement à ce que l'on pense trop souvent, n'est pas un discours vain, une nouvelle forme de marketing de l'entreprise. S'il est naïf de penser que l'entreprise va désormais s'occuper du bien-être de la planète et de ses habitants autrement qu'en faisant du profit[17], il n'en reste pas moins que la RSE a des conséquences très concrètes sur le rapport des entreprises au politique, en particulier au travers des méthodes de management sur lesquelles elle s'appuie.

La RSE n'est pas une mode !

La question de la responsabilité de l'entreprise n'est pas le reflet d'un quelconque humanisme. Elle n'est pas non plus nouvelle.

> « Le thème de la responsabilité sociale des entreprises est aujourd'hui sur le devant de la scène. Est-ce une nouveauté ?
> - Non, c'est une constante de l'histoire du capitalisme. Le souci de légitimer l'activité des entreprises est récurrent. Dès qu'un patron en a les moyens, il opère un travail de justification en créant des fondations, des musées, des écoles, des institutions charitables, etc.
> En fait, une entreprise se trouve placée devant trois choix possibles : se faire épingler comme antisociale, s'afficher comme sociale et, enfin, faire du social. Presque tous les dirigeants se déclarent partisans de la troisième solution, mais "agir de façon socialement responsable" revient – concrètement – à supporter le coût d'actions qui ne sont pas financièrement avantageuses à court terme, dans l'espoir d'un retour sur investissement à long terme. » (Michel Villette, *Le Monde de l'économie*, 2 décembre 2002)

Très concrètement, une série d'études historiques a montré que la RSE est peut-être un concept nouveau, mais n'est pas une pratique innovante[18].

Ainsi, la construction d'une usine de soude et de chlore à Pomblière en Savoie en 1899 illustre la précocité des problématiques de responsabilité d'entreprise dans l'industrie par l'accueil que réservent les habitants des alentours au projet d'établissement de l'usine.
Comme le prescrit la réglementation sur les établissements insalubres, une enquête de *commodo et incommodo* est ouverte le 2 février 1899 et recueille l'avis de quarante-neuf déclarants, individuels ou collectifs.

La responsabilité sociale de l'entreprise tend à faire basculer des domaines dévolus à la sphère publique vers la sphère privée.

L'instituteur de la Pomblière en a recopié les résultats sur un modeste cahier d'écolier, remis à G. Coutagne [administrateur-délégué]. Selon le commissaire enquêteur, tous les déclarants « sous certaines réserves, peuvent être considérés comme étant contre le projet », la colonne réservée aux « pour » restant désespérément vierge [...]. Deux préoccupations, les risques encourus par la santé publique et les menaces sur l'agriculture, se retrouvent dans la presque totalité des avis. Parmi les autres craintes, celle d'une dégradation de la qualité de l'eau de l'Isère est exprimée par le maire de Moûtiers, ce qui ne saurait surprendre en raison de la présence des thermes. Mais ces craintes n'entraînent pas toujours un rejet catégorique. L'avis collectif de quarante-quatre habitants du village voisin de Hautecour est un bon exemple des positions balancées, hésitant entre un « non mais » et un « oui si » qu'expriment plusieurs avis :

« [Ils] exposent que le chlore et la soude sont deux substances éminemment corrosives, délétères, dangereuses par conséquent. Que cette usine offrira des dangers non seulement dans son intérieur, pour les ouvriers qui y travailleront ; mais même à une certaine distance, par les émanations (gaz, fumées, odeurs) qui s'en dégageront ; et que ces matières seront nuisibles, dans une certaine mesure, même aux produits de l'agriculture et à la végétation, dans tous les alentours [...].Que d'autre part mais à un point de vue plus secondaire [...] l'établissement en question serait un bienfait pour les soussignés : en ce sens qu'elle [sic] pourrait fournir du travail et du pain aux gens de bonne volonté, les détourner de l'émigration et amener une aisance relative dans la localité, tandis que tous ces avantages deviendraient illusoires s'ils ne pouvaient s'obtenir qu'au détriment de la santé publique. Pour toutes ces raisons les soussignés réclament énergiquement afin que la destination de l'usine soit modifiée surtout dans une vallée aussi resserrée que celle de Saint-Marcel où tout dégagement de vapeur ne se dissipe que très difficilement et se fait sentir jusqu'à de grandes hauteurs. »

De son côté, le conseil municipal de Saint-Marcel revendique « que la société veuille bien s'engager à prix égal à choisir de préférence ses ouvriers dans la commune ». Le commissaire enquêteur, quant à lui, tout en constatant que les quarante-neuf avis sont négatifs et expriment des craintes légitimes, estime en conclusion que l'usine contribuera au bien-être et à la richesse du pays. Le 18 mai 1899, le préfet de Savoie signe l'arrêté autorisant La Volta à produire la soude et le chlore, mais pose deux conditions : l'absence totale d'émanations nuisibles, et l'engagement de ne jamais utiliser l'Isère comme déversoir de détritus quels qu'ils soient.[19]

Cette illustration historique de pratiques de la responsabilité sociétale de l'entreprise montre aussi la précocité des préoccupations à l'aube du xxe siècle : l'agriculture, la végétation, l'eau, le tourisme (les thermes) mais aussi l'emploi. Les entreprises industrielles ont très tôt pris conscience des conséquences, autres qu'économiques, de leurs activités.

Les effets politiques de la RSE

Cette prise de conscience engage très tôt les entreprises sur des territoires qui ne sont pas ceux de l'activité économique traditionnelle (mais y a-t-il une activité purement économique ?). La RSE contemporaine ne fait qu'institutionnaliser des pratiques et produit un nouveau mode de rapport au politique.
En produisant de la soft law, la RSE et ses institutions prennent le relais d'États dépassés par des questions d'une complexité croissante et affaiblis par des moyens en recul[20]. Ainsi, les politiques de RSE des entreprises vont-elles investir des territoires jusque-là réservés à la sphère publique ou parapublique : les infrastructures, la santé, l'éducation, etc. Il ne s'agit cependant pas d'un retour au paternalisme d'antan car l'objectif n'est pas simplement ici de « fixer », de fidéliser la main-d'œuvre. Comme le remarque Franck Cochoy, la RSE semble plutôt « rejouer le service public, jouer aux autorités sanitaires »[21]. Et de citer un exemple ambigu et dérangeant : Philip Morris agissant contre le tabagisme chez les jeunes. Véritable exercice de responsabilité ou moyen de se prémunir contre des législations de plus en plus contraignantes ?
Les politiques de ce type, qui peuvent aussi bien relever de la communication marketing que de la responsabilité, ne seraient pourtant que de peu d'efficacité sans la mise en œuvre

de dispositifs de management dont l'impact sur l'économie, la société ou le politique ne peut pas être négligeable.

Le groupe Lafarge, par exemple, utilise une panoplie de dispositifs anciens ou nouveaux pour mettre en œuvre sa politique de RSE : étude de faisabilité politico-sociale, indicateurs sécurité pendant la construction, étude d'impact, ISO 14001, audits environnementaux, accords (multi-parties ou non), procédures de « concertations », charte architecturale, etc.[22]

Au Cameroun, Pechiney, puis Alcan, ont mis en place des dispositifs de suivi et de prévention du sida. Ils combinent aussi bien des soins, des actions de prévention qu'un suivi des coûts et de la productivité.[23]

L'ensemble de ces dispositifs produit des effets tant sur l'économie que sur la société. Il modifie radicalement le rapport au politique de l'entreprise en lui donnant des moyens d'action sur des territoires nouveaux et illimités. L'idée d'un « service public privé » devient plus que jamais réalité, non plus seulement au travers d'activités de lobbying[24] mais par l'émergence de ces « gouvernements privés » si bien représentés par les grands organismes de normalisation. À ces grands effets, une seule réponse est possible : réfléchir à l'instauration d'un contrôle démocratique.

Maîtriser les effets du managérialisme

Si le management et ses dispositifs produisent de grands effets sur l'économique, le social et le politique, il semble nécessaire d'envisager les modalités d'un contrôle démocratique. Mais comment faire entrer des techniques dans le débat démocratique ? Pour poser les termes de ce débat, nous proposons d'évaluer les conséquences de la managérialisation de la société en termes de « fictions managériales » afin de travailler sur des finalités politiques et non pas seulement économiques, c'est-à-dire de dépasser l'approche dominante de l'homo œconomicus.

Les fictions managériales comme causes de la managérialisation

Revenons d'abord au processus de managérialisation de la société. Nous l'avons jusqu'à présent décrite comme la colonisation de tous les champs (privés, publics, associatifs, etc.) de la société par ces nanotechnologies de l'économique et du social que sont les dispositifs de management. En réalité, la managérialisation produit des effets si puissants, macroéconomiques et macrosociaux, qu'elle prend une autre dimension.

De quelques fictions managériales

Les fictions du management s'imposent au politique. Nous les appelons « fictions » parce qu'elles reposent sur des discours narratifs et non démonstratifs dans lesquels les techniques sont l'élément dur[25]. C'est ce qui permet de les rendre quasi réelles. Ainsi, la fiction de la performance et ses techniques associées, les indicateurs, trouvent-elles un fort retentissement du côté du politique.

La « notation » des ministres sur la base d'indicateurs chiffrés illustre bien ce phénomène[26]. L'idée d'évaluer les ministres comme des managers relève d'une fiction. En effet, si dans les entreprises on use effectivement des indicateurs pour évaluer la performance des managers, on connaît aussi les conditions de réussite et les limites desdits indicateurs. Il est par exemple indispensable de pouvoir relier l'output et les inputs, c'est-à-dire de s'assurer que le manager détient bien la maîtrise de la formation du résultat de son action, c'est le principe de contrôlabilité.

Regardons à présent quelques indicateurs devant mesurer la performance du ministre de l'Éducation : la baisse du nombre de signalements de violence auprès des forces de police ou l'augmentation de l'âge moyen des enseignants en ZEP. Le ministre est-il réellement en mesure de contrôler ces deux phénomènes ? Par ailleurs, les indicateurs sont souvent plastiques dans leurs usages : pour faire baisser le nombre de signalements de violence, on peut mener des actions contre la violence, mais aussi « oublier » de signaler les actes de violence…

Ces phénomènes sont bien connus dans les entreprises. Mais, l'élaboration collective d'une fiction managériale gomme ces aspects pour ne considérer que l'efficacité dont ses techniques seraient porteuses. Leur pouvoir de séduction est par conséquent renforcé, de même que leurs effets de réel sur les individus et les collectifs : l'usage de dispositifs rend ces fictions bien réelles pour les individus qui les utilisent (les subissent ?). Pourquoi en est-on arrivé là ?

Les sources et ressources des fictions managériales

La première réponse qui vient à l'esprit est la mondialisation. Dans une société globale, largement conquise par le capitalisme financier, le management est porteur d'un langage commun. Les dispositifs y jouent le rôle d'une grammaire comprise de tous, et la puissance de l'économie chasse le politique au profit du management.

Le politique devient le spectateur d'un monde décrit par les fictions managériales. Face à la puissance anodine des dispositifs de management, une repolitisation des enjeux s'impose.

La globalisation réduit la capacité des États à mener une politique économique et industrielle et déplace progressivement le regard des individus vers l'entreprise. Ses fictions s'imposent à eux. Pourtant, la globalisation des économies n'est pas la cause unique ni même principale de ce phénomène.

La seconde réponse se trouve du côté de la recherche en économie. Celle-ci s'est très majoritairement orientée vers la formalisation mathématique[27]. Or, ces démarches ne permettent plus de penser l'économie dans une perspective politique. Elles donnent tout au plus des recommandations fondées sur des bases de données statistiques – quelquefois sujettes à caution[28]. Et quand les économistes désertent trop le terrain des réalités sociales, le management peut s'engouffrer dans la brèche tant son apparente insignifiance est forte.

Le politique cherche encore à s'intéresser à l'individu mais la mondialisation l'en empêche ; l'économique ne s'intéresse plus directement aux individus mais use de la médiation statistique. In fine, la managérialisation est efficace parce que ses fictions confisquent au politique et à l'économique leur prééminence pour parler des individus.

La force des fictions managériales provient de projets stratégiques locaux qui s'inscrivent dans une histoire commune. Dans l'entreprise, les dispositifs de management sont mobilisés pour élaborer le récit des événements qui surviennent. Ils permettent de rationaliser l'action et de lui donner du sens. Appliquée à la société, la managérialisation fait courir le risque de faire de la politique sur la base d'un récit technicien. Les dispositifs de management sont peut-être nécessaires au récit quand il s'agit de moderniser la technocratie ; dans ce cas, les récits managériaux seront invoqués pour leur donner sens.

Mais ils sont limités, et ne servent pas nécessairement l'ensemble des citoyens. Comme toute fiction à effet politique, les fictions managériales méritent de faire l'objet d'une vigilance démocratique.

La maîtrise démocratique de la managérialisation

La question du rapport de la technique et de la démocratie a fait l'objet de réflexions approfondies.

> « Les sciences et les techniques ne sont plus gérables par les institutions politiques dont nous disposons. Pas question évidement de les démanteler. Elles ont amplement prouvé leur efficacité ! Mais les limites ne sont pas moins évidentes. Il faut donc les enrichir, les prolonger, les étendre, les amender pour faire advenir ce que certains appellent la démocratie technique, ou plus exactement pour rendre nos démocraties capables d'absorber les débats et les controverses suscités par la course en avant des sciences et des techniques. » (M. Callon, P. Lascoumes et Y. Barthe, *Agir dans un monde incertain, Essai sur la démocratie technique*, Le Seuil, 2001, p. 23)

C'est-à-dire que face à l'évidence scientifique et technique – et cela concerne aussi bien les OGM que le calcul des coûts –, il est urgent de penser les instances, les modalités et les intervenants d'un débat démocratique.

La confiance aveugle en l'efficacité des techniques et du management peut faire place à une maîtrise démocratique. Comment ? Callon, Lascoumes et Barthes appellent à une « démocratisation de la démocratie »[29] au travers de technologies sociales, c'est-à-dire « imaginées pour associer les citoyens ordinaires aux décisions techniques les concernant »[30], comme les conférences de consensus ou les forums hybrides.

Concernant les dispositifs de management, la chose est complexe. Le débat sur le prospectif ne suffit pas : les dispositifs de management sont présents partout et la managérialisation de la société est à un stade très avancé. Un retour sur l'existant est nécessaire dans les organisations même. Si le politique peut amorcer le débat – comme dans le cas de la prévention des risques psychosociaux – ce sont aux acteurs des organisations, entreprises, administrations ou associations, de repenser les usages, de prévenir les effets négatifs et d'opérer une vigilance de tous les instants afin de les éviter. Une démarche purement politique est insuffisante.

Le gouvernement d'entreprise illustre bien les limites de l'approche politique actuelle. Il insiste sur les structures de l'entreprise, sur ses relations avec les parties prenantes, et a une très forte dimension juridique. Le discours sur le gouvernement d'entreprise a aujourd'hui pris une telle place que l'on aborde rarement l'aspect – pourtant fondamental du fonctionnement de l'entreprise – de la gouvernance managériale, qui met en relation des individus, des collectifs et des outils de gestion à l'intérieur de l'entreprise.

Ces outils de gestion ne sont pas uniquement ceux de la gestion des ressources humaines, ils sont aussi ceux de la gestion de production, du contrôle de gestion. Ils permettent de mesurer les performances, de les visualiser et de les analyser (tableaux de bord) et de prendre des décisions (techniques de calcul et de choix des investissements par exemple).

Ces outils de gestion sont aussi des outils d'orientation des conduites des salariés dans l'entreprise. Ils fixent des objectifs (management par objectifs), récompensent les performances (salaire individualisé, part variable du salaire). Les techniques

de gouvernance managériale restructurent les collectifs et incitent les individus à agir sur eux-mêmes. Il a été montré plus haut que les effets techniques du management atteignent directement le vivant à travers les ascèses de vie qu'ils supposent et parfois imposent.
À propos de l'affaire de la Société Générale, dite aussi «affaire Kerviel» (du nom du trader jugé responsable de pertes à auteur de presque 5 milliards d'euros), Bernard Colasse suggère que c'est bien plus un problème de gestion des ressources humaines qu'un problème de gouvernance au sens défini plus haut[31]. Dès lors, il ne s'agit pas de contrôler les outils de gestion au sens où un auditeur pourrait vérifier le respect de procédures, mais d'opérer une veille continue des processus à l'œuvre. L'affaire de la Société Générale montre bien, à cet égard, que la mécanique managériale peut se gripper, et combien une intervention humaine quotidienne continue reste fondamentale.
Mais, au-delà d'une intervention de ce type, qui semble rester de bon sens même si elle ne va pas toujours de soi en réalité, c'est une autre forme d'intervention qui nous semble indispensable: celle du politique, afin de garantir le fonctionnement démocratique de la société managériale.

Or la pensée dominante, économique comme politique, repose sur des théories économiques dont l'hypothèse majeure suppose l'existence d'un homo œconomicus rationnel, opportuniste et a-historique. Face au monde réel, les propositions des économistes visent à le moraliser en appelant à plus d'éthique et de régulation[32]. La perception économique des comportements par les politiques s'épuise ainsi à tenter de moraliser l'homo œconomicus. Or s'il faut bien mener une action de type politique – et la moralisation et la régulation sont des actions politiques –, la cible ne doit pas en être l'homo œconomicus mais plutôt les instruments dont il se sert et avec lesquels il transforme le jeu économique – voir le chapitre 2.

Nous avons jusqu'ici considéré que les nanotechnologies prennent la forme de dispositifs difficiles à identifier. Elles sont aussi des techniques qui permettent de construire un autre monde, un monde qui s'analyse avec des techniques différentes et qui n'est pas seulement bâti sur une figure d'acteur abstraite – voire purement théorique. Ainsi, il ne s'agit pas seulement d'une question d'échelle, mais aussi d'une question de temps.

L'entreprise est en effet engagée dans une histoire qui n'est pas seulement une histoire des faits économiques. Ce n'est pas non plus seulement une histoire de la formation du capital et une histoire des luttes sociales, comme le montrent de nombreux travaux d'historiens sur le sujet[33]. C'est aussi une histoire de la structuration des activités autour de stratégies, une histoire de l'organisation, de la comptabilité, une histoire des politiques sociales, de la ségrégation ou une histoire de l'innovation technique. Cette histoire se juxtapose à l'histoire des institutions, parfois elle s'y imbrique[34], et elle touche tous les citoyens. Plus concrètement, c'est par exemple au nom de l'histoire de l'entreprise vécue par leurs parents et leurs aînés que certains jeunes gens se sentent peu attirés par elles.

L'histoire de l'entreprise est ainsi faite de progrès et de prospérité économique, mais aussi d'arrachements culturels, de mise en cause de soi. Face à cela, les stratégies politiques de moralisation de l'homo œconomicus ont fait long feu, tout simplement parce que cette histoire n'est pas faite par l'homo œconomicus mais par une figure d'acteur qui n'est pas une stylisation scientifique à partir de laquelle on élabore un récit politique – ce qu'est la figure de l'homo œconomicus – mais une figure ancrée dans le réel et dans toutes ses complexités. Cette figure d'acteur, issue d'une coproduction entre l'économique et le politique, doit être une référence construite démocratiquement et à partir des recherches en sciences sociales (en économie, sociologie, science politique, histoire et management en particulier). Si l'on veut que nos sociétés qui, partout dans le monde, s'engouffrent dans la managérialisation, ne soient pas happées par de nouvelles formes d'autoritarisme, à tous les niveaux, organisationnels comme politiques, l'émergence d'une figure d'acteur nouvelle devient indispensable.

On ne doit plus seulement s'intéresser à ce que la nature ou les lois économiques font de l'homme, mais également à ce que l'homme fait de lui-même[35]. Et dans cette perspective, au sein de notre monde fait d'organisations, la gouvernance managériale et ses dispositifs jouent un rôle primordial. Comme nous l'avons vu précédemment, les dispositifs de management produisent des processus de subjectivation : les nanotechnologies de l'économique et du social sont en effet invisibles, mais produisent des sujets en incitant à des comportements plutôt qu'à d'autres qui, par leur répétition, transforment durablement les individus mais aussi les collectifs faits d'individus interdépendants. C'est à ce mécanisme qu'il faut s'intéresser en menant une réflexion sur les comportements souhaités, sur les marges de liberté des individus et sur leur capacité à négocier l'ensemble. La gestion des RH chez France Télécom–Orange est à cet égard emblématique : comment des individus, des collectifs équipés d'une incroyable collection de méthodes de management, peuvent-ils les mettre en œuvre sans discernement aucun ? Dans ce cas, il ne peut s'agir de moraliser l'homo œconomicus, mais de doter les individus et les collectifs d'une pensée de l'instrument et de ses possibles usages et effets. D'où la nécessité, comme nous l'avons signalé plus haut, d'une pensée critique de la technique managériale.

Plus largement, au moment où le libéralisme se développe, il doit intégrer sa critique. Quels appuis peut-elle prendre ? Comment éviter l'introduction dans l'entreprise de projets idéologiques ? Il existe deux voies d'action : moraliser l'homo œconomicus ou créer une nouvelle figure d'acteur qui puisse être l'objet d'un débat démocratique. La question se pose aujourd'hui avec acuité du fait de l'affaiblissement des théorisations politiques alternatives au libéralisme. Il faut aujourd'hui redonner sens à ce mot et ne pas se contenter d'une vulgate ultralibérale. Le libéralisme doit faire l'objet d'un inventaire critique, qui ne peut se faire sans prendre en compte les savoirs et techniques du gouvernement managérial.

La performance managériale suppose la maîtrise des process, et c'est sur ce point que portera la conclusion de cet ouvrage. Acter l'émergence et concentrer la critique sur la fabrication d'une figure d'acteur nouvelle. La question devient alors : quand et ou faire porter cette critique ? Quelles priorités se donner pour atteindre ce but ?

Notes

1. Voir le chapitre 2.

2. R.H. Hayes, S.C. Wheelwright, K.B. Clark, *Dynamic manufacturing. Creating the learning organization*, NY, The Free Press, 1988.

3. Pour une perspective historique, voir : Peter Miller, « Accounting Innovation beyond the Enterprise: Problematizing Investment Decisions and Programming Economic Growth in the UK in the 1960s », *Accounting, Organizations and Society*, 16/8, 1991, pp. 733-762.

4. Sources : John Graham & Campbell Harvey, « How do CFOs make capital budgeting and capital structure decisions ? », *Journal of Applied Corporate Finance*, vol. 15, n°1, 2002, pp. 8-23 ; Éric De Bodt & Henri Bouquin, « Le contrôle de l'investissement », dans Gérard Charreaux, *Images de l'investissement,* Vuibert, 2001; Michael Cornick & Philippe Dardenne, « La décision d'investissement : une comparaison des pratiques aux États-Unis et en Europe », *Revue française de gestion*, n°128, 2000, pp. 107-117 ; Richard Pike, « A longitudinal survey on capital budgeting practices », *Journal of Business Finance and Accounting*, vol. 23, n°1, 1996, pp. 79-92.

5. Harold Demsetz, « Information and efficiency: another viewpoint », *Journal of Law and Economics*, vol. 12, April 1969, pp. 1-22.

6. Nous parlons ici d'investissements majeurs et non pas de petits investissements plus facile à évaluer.

7. www.costkiller.net, octobre 2007.

8. *L'Expansion*, 26 avril 2006.

9. Nous ne mentionnerons pas ici la méthode ABC (activity based costing) qui n'est en réalité pas une nouvelle méthode mais une tentative de retour aux sources du calcul des coûts.

10. Les coûts fixes sont des coûts liés à la capacité de production, ils sont fixes à court terme (exemple : les machines). Les coûts variables sont des coûts volumiques liés au volume de production (exemple : les matières premières).

11. Pour un commentaire approfondi de ces problèmes, voir Henri Bouquin, *La comptabilité de gestion*, Paris, Economica, 2006.

12. P. Chevalier et D. Dure, « Pourquoi licencie-t-on ? Quelques effets pervers des mécanismes de gestion », *Annales des Mines, Gérer et Comprendre*, septembre 1994.

13. Voir à ce sujet : Romain Laufer et Catherine Paradeise, L*e Prince bureaucrate. Machiavel au pays du marketing*, Paris, Flammarion, 1982 et Gilles Marion, *Idéologie marketing*, Éditions d'organisation, 2004.

14. Voir en particulier les travaux de Joël Brée, « Marketing, enfants et obésité », *Enfances et Psy,* n°27, 2005, pp. 24-36 ou d'Inès de La Ville (dir.), *L'enfant consommateur : variations interdisciplinaires sur l'enfant et le marché*, Vuibert, 2005.

15. Op. cit.

16. Op. cit., p. 18.

17. Il est d'ailleurs intéressant de constater que les deux dernières grandes vagues de modes managériales qui se sont succédées ou plutôt emboîtées l'une, l'autre sont la création de valeur pour l'actionnaire et la RSE.

18. Voir le numéro spécial de la revue *Entreprises et histoire* sur ce sujet (n°45, 2006).

19. Cet exemple est intégralement repris du texte de Ivan Grinberg et Anne Pezet, « Une illustration précoce des problèmes de responsabilité sociale de l'entreprise : une usine de production de soude et de chlore au tournant du XXe siècle », *Entreprises et Histoire*, n°45, 2006, p. 157-8.

20. Voir Franck Cochoy, op. cit.

21. Ibid.

22. Anne-Catherine Moquet, Anne Pezet, « Les technologies de la responsabilité sociétale ou l'invention du manager responsable. Le cas Lafarge », *Finance, Contrôle, Stratégie*, vol. 9, n° 4, 2006.

23. Marie-Claire Loison, Anne Pezet, « Alucam : un investissement responsable et durable ? » dans Laparra M., Grinberg I. (dir.), *Alucam, un destin africain : 50 ans d'aluminium au Cameroun*, REF.2C éditions, p. 193-211, 2007.

24. À cet égard, George Stigler avait évoqué dès 1971 l'idée de « capture » de la chose publique par le privé.

25. Sur le concept de fiction, voir Lucien Sfez, op. cit.

26. Samuel Sponem, Anne Pezet, « Des indicateurs pour les ministres au risque de l'illusion du contrôle », www.laviedesidees.fr, 22 février 2008.

27. À tel point que les étudiants de l'École normale supérieure avaient vivement protesté il y a quelques années, sans beaucoup de résultats semble t-il. Heureusement, il y a tout de même des exceptions.

28. Voir par exemple la polémique sur les chiffres de l'enquête emploi de l'Insee.

29. Op. cit., p. 26.

30. Op. cit., p. 18.

31. Bernard Colasse, « L'affaire de la Société Générale », dans DRM, *L'État des entreprises 2009*, La Découverte, coll. « Repères », 2008.

32. Voir Michel Aglietta, Antoine Rebérioux, op. cit. ou Joseph Stiglitz, op. cit.

33. Voir en particulier les travaux de Patrick Fridenson, Yves Cohen, Aimé Moutet, Yannick Lemarchand, Nicolas Praquin, Laure Pitti, etc.

34. Éric Pezet, « Négociation collective et gouvernement des individus dans l'entreprise : la négociation des classifications dans la métallurgie (1968-1975) », *Entreprises et Histoire*, n° 26, décembre 2000, pp.74-88 ; Danièle Fraboulet, *Quand les patrons s'organisent. Stratégies et pratiques de l'UIMM, 1901-1950*, Presses universitaires du Septentrion.

35. Il s'agit ici du projet d'anthropologie pragmatique de Kant repris par Michel Foucault.

CONCLUSION

Aux différents constats que nous avons faits, il n'est pas aisé de trouver des réponses immédiates et opérationnelles. Trois pistes se dessinent cependant à l'issue de cet ouvrage. Elles visent à échapper à la fois aux approches macroscopiques, tant sociologiques qu'économiques, et aux incantations souvent illusoires.
Les nombreux constats portés sur les déficiences, les dérives et les effets pervers du management ne résolvent en rien ni les conditions de vie des salariés ni la transformation de l'économie et de la société par le management. L'évidence technique du management mérite d'être repensée dans le long terme. Trois pistes s'ouvrent ainsi : la recherche, la formation et les relations sociales.

La recherche

La recherche en management, et plus largement les recherches en sciences sociales qui s'intéressent au management, peuvent être le vecteur d'un indispensable renouveau. Les recherches en management ou traitant des organisations oscillent entre une visée ingénierique – généralement lucrative – et une critique violente – mais dénuée d'effets. Les sciences de gestion ont depuis longtemps la sombre réputation d'être des alliés objectifs du « grand capital », une part non négligeable de ses représentants ayant des activités de consulting[1]. Notons que cette visée ingénierique n'est pas le monopole des chercheurs en management, et que la sociologie des organisations peut elle aussi « intervenir ». Dans tous les cas, ces chercheurs, armés de méthodologies et de bonnes intentions, se posent rarement la question de savoir qui ils servent. Or la réponse est aujourd'hui limpide : si l'on travaille pour la direction d'une entreprise, on travaille pour ses actionnaires. Les bons sentiments sont par ailleurs battus en brèche par les pratiques telles qu'elles peuvent être perçues sur le terrain.

> « Une classe entière de chercheurs et de consultants théorise la vie des entreprises dans une sémantique obscure, ampoulée et contente d'elle-même, sous le label un peu diffus de la sociologie des organisations. (...) Travaillant souvent dans de grands groupes parapublics, ils découvrent rapidement que des factures d'honoraires pourtant exorbitantes à l'échelle individuelle passent miraculeusement inaperçues du grand mammifère assoupi, dans l'épiderme duquel ils décident alors de chercher un agréable refuge. »[2]
> (Teodor Linman, *Morts de peur. La vie de bureau*, Les Empêcheurs de penser en rond, 2007, p. 32)

Si, bien entendu, ce n'est pas l'ensemble de la sociologie des organisations, pas plus que la totalité des sciences de gestion, qui sont entachées de telles pratiques, il n'en reste pas moins que cette tendance existe.

À l'autre bout du spectre, une recherche hyper critique existe en management, plus particulièrement en Grande-Bretagne[3]. Cette recherche, pour intéressante qu'elle soit, ne parvient pas à sortir du champ académique. Par exemple, l'existence d'une recherche critique en comptabilité n'a eu aucune part aux évolutions menées dans ce domaine au cours des années récentes[4]. Pourtant, un positionnement de la recherche en management, entre intervention/consulting et critique stérile, est possible.

Si l’on travaille pour
la direction d’une
entreprise,
on travaille pour ses
actionnaires.

C'est ce que nous avons essayé de faire avec cet ouvrage : un travail de démontage des dispositifs de gestion au nom du débat démocratique. La recherche en sciences sociales peut – et doit – investir le champ des techniques molles comme elle a investi celui des techniques dures.

L'enseignement, la formation

La deuxième piste concerne l'enseignement et la formation. Les formations en management sont largement dispensées, tant dans les écoles de commerce qu'à l'université, en formation initiale comme en formation continue, et même de plus en plus, à l'attention de publics élargis (les élèves ingénieurs, les futurs fonctionnaires). À l'université par exemple, les formations à la gestion ont connu un succès croissant au point de figurer parmi les formations les plus prisées des étudiants. Or, la question de l'enseignement en management est délicate. Nous formons des jeunes gens aux métiers de l'entreprise et des organisations. Ceux-ci ont souvent choisi ces formations parce que ce sont de bons élèves (classes préparatoires puis grandes écoles de commerce), ou du fait des débouchés nombreux (que ce soit à l'université ou dans les écoles).
Enseigner le management est une activité ambivalente et difficile. Ambivalente parce que, si l'on porte un regard critique sur la discipline, l'enseignement des concepts et techniques devient fastidieux. Difficile parce qu'il est malaisé de transmettre cette critique à un public qui ne connaît pas l'entreprise et, surtout, qui va y passer, en grande partie, sa vie. Paradoxalement, l'exercice se révèle plus facile en formation continue. Face à un public averti, un discours en surplomb des recettes managériales

standards est souvent bien perçu, voire relayé au travers de cas et d'exemples donnés par les participants.

La solution passe probablement par une meilleure insertion des enseignements de management dans les sciences sociales. Mais revoir les fondamentaux et les méthodes de la formation initiale n'est pas suffisant. La formation des salariés, et plus largement des citoyens, est ici un enjeu capital[5]. Le management est devenu tellement hégémonique qu'il est urgent de former les salariés non seulement à ses techniques mais aussi à ses limites, à ses sous-jacents, à ses effets. Les salariés en formation continue sont demandeurs d'une telle évolution. Reste à convaincre les entreprises que la formation doit à la fois participer au progrès de l'entreprise et à l'épanouissement du salarié, parfois au risque de les perdre.

Les relations sociales

La troisième piste concerne les relations sociales. Un des enjeux actuels est de recréer des repères collectifs pour l'évolution professionnelle, en facilitant tous les mécanismes qui permettent de renforcer le lien entre l'individu et le collectif. Le service public de l'emploi et les organismes paritaires (Pôle emploi) comme les acteurs privés (cabinets de recrutement et entreprises de travail temporaire) apportent déjà un conseil dans la conduite d'une carrière professionnelle. Toutefois cette offre demeure incomplète car, aussi bien dans le privé que dans le public, le rapport de l'individu au collectif est traité de façon normative, stylisée, idéalisée. Dans le conseil privé, il existe le risque de prendre comme référence le collectif tel qu'il est décrit par le discours managérial.

Cette offre duale de conseil présente un double écueil : l'approche individualisante du placement privé et l'approche normalisante du placement public. En effet, dans le placement public, le danger est de susciter une normalisation des comportements par référence à une perception macroéconomique du marché du travail.

Dans les entreprises, les repères collectifs doivent être élaborés concrètement à partir de la façon dont elles sont administrées. Par leur connaissance fondée sur un rapport critique à la gouvernance managériale, les syndicats de salariés sont des acteurs essentiels dans la création de nouveaux repères collectifs. Ils participent à l'encadrement des pratiques, par la fabrication du droit à partir de la négociation collective, et par le contrôle, à partir des instances représentatives du personnel. Leur présence dans les établissements leur permet aussi de tenir un rôle de donneur d'alerte, capital dans le domaine des conditions de travail. Les syndicats doivent être particulièrement attentifs au fonctionnement des instances qui permettent d'anticiper les mutations à venir. En faisant du comité d'entreprise un endroit privilégié pour exercer cette vigilance, le guide européen sur les délocalisations apparaît comme particulièrement réaliste.

Dans le domaine de l'emploi, les outils collectifs de prévision sont insuffisants pour permettre de fonder des stratégies individuelles. Aujourd'hui, les accords sur la gestion prévisionnelle des emplois et des compétences (GPEC) s'appuient sur des observatoires des métiers. Or, la prévision des métiers futurs d'un secteur d'activité dépend de données sur les stratégies des entreprises qui composent le secteur et sur les éventuels projets de regroupements d'entreprises. Autant d'informations qui échappent à ceux qui sont chargés de la prévision.

C'est sans doute dans cet écart entre la difficulté des anticipations collectives et l'importance des enjeux individuels que se trouve la véritable fragilisation du lien entre individu et collectif de travail. Du point de vue des individus, élaborer un projet personnel suppose la connaissance des parcours professionnels possibles. Cela est d'autant plus délicat que d'une part, les salariés de l'entreprise, quelle que soit leur position hiérarchique, n'ont pas toujours eux-mêmes de réponse simple concernant leur propre projet professionnel. D'autre part, cette connaissance ne s'acquiert plus seulement dans l'entreprise.

Un savoir-faire de conseil sur les transitions professionnelles pourrait être une compétence à développer aujourd'hui par les organisations syndicales. Ce n'est pas un nouveau savoir du placement, mais une capacité de conseil indépendant et complémentaire de celui apporté par les acteurs privés et publics.

De manière très concrète, il s'agit d'évaluer et de négocier l'équipement des managers et des salariés en général. Les dispositifs de management étant généralement introduits par les directions, il est nécessaire de veiller à leurs usages et de faciliter leur appropriation. Peut-être même faudrait-il être en mesure de s'opposer quelquefois à leur mise en œuvre. Nous ne sommes pas loin d'imaginer ce que pourraient être des dispositifs de management open source...

Ces trois pistes ont pour ambition de donner aux citoyens les moyens de vivre mieux dans une société plus managériale que jamais et, à tout le moins, faite d'organisations. La maîtrise des dispositifs de management est devenue un enjeu à la fois d'autonomisation des individus dans les organisations et la société, mais aussi un enjeu de l'efficacité pour ces organisations. On voit bien en effet que la managérialisation produit de nombreux effets négatifs dont pâtissent les uns et les autres. La mise en œuvre de nouvelles logiques de pensée et d'action n'est pas aisée. Elle supposera de la part des salariés, des managers et aussi des dirigeants du courage et peut-être de la désobéissance[6].

Notes

1. Dans l'ensemble, ceux qui ont fait ce choix conseillent les directions d'entreprises. Certains, plus rares, ont fait le choix de s'investir dans des organisations proches des syndicats.

2. Les séminaires de formation au management pullulent par ailleurs et frôlent parfois le charlatanisme. Pour un exposé humoristique, voir la description romancée qu'en fait Jonathan Coe, *La maison du sommeil*, Gallimard, 1998, p. 319 et s.

3. Paradoxalement, elle est le produit de la politique universitaire menée par Margaret Thatcher qui a eu pour effet de « déplacer » des philosophes, des sociologues et autres chercheurs en sciences sociales (peu utiles !) vers les départements de business.

4. Nicolas Berland, Anne Pezet, « Quand la comptabilité colonise l'économie et la société. Perspectives critiques dans les recherches en comptabilité, contrôle, audit » dans Damon Golsorkhi, Isabelle Huault, Bernard Leca (dir.), *Une perspective critique du management*, Presses universitaires de Laval, 2008.

5. Repris de Éric Pezet, « L'individu et le collectif de travail, les défis lancés par la nouvelle gouvernance managériale », *La Revue de la CFDT,* à paraître.

6. Voir à ce sujet Albert Ogien, Sandra Laugier, *Pourquoi désobéir en démocratie ?,* La Découverte, 2010 et Cyrille Sardais, *Patron de Renault : Pierre Lefaucheux (1944-1955),* Les Presses de Sciences Po, 2009. Cyrille Sardais montre en particulier que, pour avoir du leadership, il faut aussi savoir s'opposer.

ANNEXES

Bibliographie

Fictions et management : une sélection très personnelle

Sans recherche d'exhaustivité aucune, voici quelques romans contemporains dans lesquels des questions de management apparaissent de manière plus ou moins centrale. Un trait commun traverse cependant ces œuvres de fiction, c'est le caractère néfaste du management et du monde de l'entreprise qui est généralement relevé. Cette sélection est très partielle et très partiale. Il existe beaucoup d'autres œuvres littéraires ou artistiques dans lesquelles le management et l'entreprise sont dépeints avec une acuité remarquable ; autant de témoignages de l'infinie pertinence de la fiction. Pierre Bourdieu écrivait : « L'œuvre littéraire peut parfois dire plus, même sur le monde social, que nombre d'écrits à prétention scientifique. » (*Les règles de l'Art*, Le Seuil, 1998, p. 68). Sur le management, c'est en effet incontestable.

La gestion des ressources humaines ou la barbarie

Deux exemples de romans récents décrivant la brutalité et la violence des relations sociales en entreprise, ainsi que la corruption et la relation au politique et à l'histoire :

François Emmanuel, *La question humaine*, Stock, 2007.

Dominique Manotti, *Lorraine Connection*, Rivages/Noir, 2008.

Plus ancien, *The Jungle* d'Upton Sinclair, paru en 1906, faisait déjà le procès des pratiques des grands abattoirs de Chicago.

Sans oublier, évidemment, Zola, Balzac, etc.

La finance : une passion littéraire

Le monde de la finance fascine les romanciers depuis de nombreuses années. Parmi les précurseurs, on citera bien sûr Zola, Dreiser (écrivain américain du début du XXe siècle) ou Trollope (romancier britannique du XIXe siècle).

On se concentrera ici sur quelques œuvres contemporaines. On y retrouve presque systématiquement des traits comme la volonté de domination, un profond mépris pour le reste du monde, la grossièreté ou encore le goût d'un luxe un peu tape à l'œil. C'est aussi un monde d'hommes, les femmes n'y jouent que des rôles secondaires ; elles sont soit pires que les hommes, soit en total opposition morale. Une exception cependant : Jay McInerney, *Trente ans et des poussières* (Le Seuil, 1993) dans lequel une femme tient le rôle de courtière en Bourse. Elle finit par retrouver sa vraie nature, loin de la finance.

Marc Fiorentino, *Un trader ne meurt jamais*, Robert Laffont, coll. « Pocket », 2009. Une exposition quasi documentaire, un roman-journal écrit par un insider, le milieu des traders comme si vous y étiez.

Viken Berberian, *Das Kapital*, Gallmeister, 2009. L'opposition majeure entre le réel, la nature et le monde de la finance et un parallèle entre le terrorisme et l'action financière. Très riche et profond dans les analyses psychologiques.

Stéphane Osmont, *Le Capital*, Le Livre de Poche, 2006. Une bonne illustration – dans un style malheureusement trop ordinaire, de l'*hubris* d'un banquier, cette forme de confiance incontrôlée qui tourne à l'arrogance. Cela se finit mal !

Sur les banquiers, on trouve aussi : Arturo Perez-Reverte, *La peau de tambour*, Le Seuil, 1997 et Patrick Grainville, *Les forteresses noires*, Seuil, 1982.

La finance n'a pas inspiré que les romanciers. Le ballet de Karole Armitage, *Hucksters of the Soul* (*Les trafiquants d'âmes*), 1993, retrace l'histoire de deux grands spéculateurs des années 1980, Michaël Milken et Ivan Boesky. Il a été donné à la MC93 de Bobigny, à Aix-en-Provence et à Berlin.

Dans cette veine réaliste, la pièce de David Hare, *The Power of Yes. A dramatist seeks to understand the financial crisis*, Faber and Faber, 2009, est une tentative de compréhension de la crise financière actuelle. Elle est donnée au National Theatre de Londres.

La comptabilité entre scandales et vérités

Avant la scandaleuse affaire Enron, les comptables pouvaient au contraire faire œuvre de vérité face à l'avidité de milieux dirigeants. Voir en particulier : Peter Hoeg, *Smilla et l'amour de la neige*, Le Seuil, 1995.

Le comptable intéresse aussi la littérature jeunesse : Oren Ginzburg, *Le comptable et la fourmi,* éditions Fischbacher, coll. « Les Odyssées jeunesse », 1999. La comptabilité, c'est ici la raison contre l'aventure : « Et puisque j'étais raisonnable, je suis allé à l'université. Étudier la comptabilité, comme le voisin » (p. 23). Mais notre héros, refusant le poste de sous-directeur de la comptabilité, finit par aller parcourir le monde, à l'image de la fourmi de son enfance qui avait quitté sa communauté travailleuse.

L'affaire Enron a secoué le monde des affaires à partir de 2001 en raison des fraudes et manipulations comptables que ses dirigeants ont opérées, entraînant dans sa perte le prestigieux cabinet d'audit Arthur Andersen.
Elle a fait l'objet d'une pièce de théâtre, donnée sur une scène londonienne : Lucy Prebble, *Enron*, Methuen Drama, 2009.

Les consultants : un monde de certitudes

Jonathan Coe, *La maison du sommeil,* Gallimard, 1998. Un roman captivant, qui contient notamment un passage fascinant : une session de formation sur le changement comme si vous y étiez.

Rupert Morgan, *The consultant*, Didier, 2010. La secte n'est pas loin...

Walter Kirn, *Up in the air*, John Murray, 2001. Paradoxalement, ce consultant en licenciements incarne une certaine humanisation de sa fonction par la description de son quotidien, beaucoup moins flamboyant que celui souvent décrit ou fantasmé.

Le conseil intéresse aussi les arts plastiques. Martin Le Chevallier a ainsi demandé à un cabinet de consulting de lui faire subir un « audit de performance artistique » : « À travers ce projet, la volonté de Martin Le Chevallier est de pointer les convergences et les contradictions entre logique d'entreprise et démarche artistique. Quelles dimensions sensibles, poétiques ou conceptuelles ne peuvent se soumettre au pragmatisme économique ? Quelles stratégies de conquête sont bel et bien communes aux artistes et aux entreprises ? »
L'exposition (Galerie Maisonneuve à Paris en septembre-octobre 2008) prend la forme d'une photo (ci-dessous) associée à la lecture du rapport du cabinet de conseil.

Martin Le Chevallier, *L'audit*

Managers et dirigeants

Manuel Vasquez Montalban, *La solitude du manager*, éditions Christian Bourgois,1988.

René-Victor Pilhes, *L'Imprécateur*, Le Seuil, 1974.

Des multinationales et du pouvoir. Classique!

Plus original, Richard Yates a décrit avec beaucoup de finesse le travail quotidien des managers. Dans *Revolutionary road* (1961), il dépeint la vacuité du travail managérial. Le héros, Franck Wheeler, travaille à la promotion des ventes pour l'entreprise Knox. Yates décrit comment il parvient à s'affranchir de ses obligations professionnelles sans s'investir : « I mean the great advantage of a place like Knox is that you can sort of turn off your mind every morning at nine and leave it off all day, and nobody knows the difference. » (p. 77). D'autres scènes sont extrêmement bien vues dans le roman. L'auteur a travaillé à la Remington Rand Corporation, d'où son regard acéré.

Groupes de recherche

Primal

Paris Research in Norms Management and Law (Primal) est un groupe de recherche inter-disciplinaire en Droit, Management et Philosophie de l'université Paris Ouest Nanterre La Défense.

La création de Primal a été inspirée par le constat que le management a une influence normative au-delà de l'entreprise et influence le fonctionnement même de la société. Interroger les modalités et les conséquences de l'extension du champ d'application des normes managériales permet de mieux comprendre les mutations de la société actuelle.

Les chercheurs de Primal s'intéressent à l'interaction entre les normes juridiques, les normes politiques et les normes managériales et aux effets de cette interaction sur la démocratie.

L'influence normative du management s'étend de plus en plus à la vie sociale et elle est observable dans des domaines très variés. Dans le secteur public, les principes juridiques d'organisation sont remplacés par des principes issus du management privé. Au niveau européen, la soft law donne une enveloppe juridique à une norme influencée par les pratiques managériales.

Les rapports au sein de la sphère publique se trouvent bouleversés et il ne saurait désormais être question de penser la politique en faisant l'économie d'une analyse du monde de l'entreprise. Les concepts de gouvernance et gouvernement, citoyenneté, souveraineté, responsabilité pour les générations futures ou encore délibération sont désormais en jeu puisqu'il va s'agir de comprendre les modes d'existence du gouvernement managérial. L'étude du monde de l'entreprise et du management redéfinit certaines frontières théoriques en particulier parce que les enjeux liés à la globalisation ne peuvent échapper à un questionnement de philosophie politique. La référence au management dans des domaines jusqu'ici structurés par le droit pose la question de la coexistence des normes juridiques et des normes managériales.

Les apports des trois disciplines à partir desquelles sont menés les travaux de Primal et leur confrontation amènent à élaborer de nouveaux objets d'étude ainsi qu'à identifier de nouvelles approches méthodologiques. Sans nier les spécificités et les frontières méthodologiques et épistémologiques, Primal entend contribuer à définir les enjeux et les rapports entre Droit, Philosophie et Management. Les travaux de Primal sont marqués par un souci constant d'articuler théorie et pratique et de proposer de nouvelles problématiques.

www.u-paris10.fr/primal

Critique & Management (CriM)

Le groupe CriM (Critique et Management) s'est réuni pour la première fois au mois de janvier 2006. Il a pour objet de regrouper des enseignants-chercheurs en management soucieux de porter un regard nouveau sur leur discipline, ses méthodes et leurs conséquences sur l'économie et la société.

Les enseignants chercheurs du groupe CriM travaillent sur des domaines divers de la gestion (stratégie, gestion des ressources humaines, comptabilité, contrôle de gestion, marketing, etc.) et proviennent de diverses institutions, universités et grandes écoles. Ils s'interrogent sur leur pratique d'enseignant et de chercheur en management : comment permettre aux étudiants de prendre du recul sur les techniques enseignées ? À qui s'adresse la recherche en management, aux seuls dirigeants d'entreprise ou, plus largement, à la société ? L'objectif visé est de donner à chacun les moyens de débattre sur des décisions de management qui dépassent souvent la sphère purement privée. Notre ambition est de donner aux acteurs les termes d'un débat démocratique autour du management et de ses méthodes.

CriM a publié *Le Petit bréviaire des idées reçues en management* (La Découverte, 2008, reéd. poche en 2010). L'originalité de l'ouvrage repose ainsi sur la mobilisation des savoirs techniques en management au service d'un projet critique de démontage des discours et des méthodes du management les plus couramment admis dans nos sociétés.

http://critique-management.org

À nos enfants, Louise et Henri,

pour tout ce qu'ils nous apportent et que l'on ne trouve pas dans les livres.

Création graphique, maquette intérieure et couverture :
Jean-Luc Chamroux

Achevé d'imprimer en novembre 2010
sur les presses de l'imprimerie EMD à Lassay-les-Châteaux (France)

Numéro d'impression : 24140

Dépôt légal : novembre 2010